Hab ich das Recht zur Seite,
schreckt Dein Droh'n mich nicht.

Sophokles, Philoktet

Inhalt

Rund ums Haustier

Rund um Fernsehen & Video

Rund ums Internet

Rund um den Rechtsstreit

Rund um die Reklame

Vollmundige Versprechen: Sind sie einzuhalten?

In Anzeigen, Prospekten und Broschüren ist immer wieder von ihnen die Rede, von «Supersonderangeboten», «Preisstürzen», «einmaligen Sparaktionen» oder «Wahnsinns-Knüllern». Und wer nähme da, zumal wenn er mit dem Produkt schon länger liebäugelte, nicht gerne ein paar Unannehmlichkeiten in Kauf: Aufstehen zu nachtschlafender Zeit, Schlangestehen unter Gleichgesinnten oder auch mal weitere Anfahrtswege.

Nur um dann – endlich im Geschäft – von Verkäufern zu hören, dass das Superschnäppchen, der Preisknüller oder das Spitzenangebot schon ausverkauft seien. Wer nicht aufgibt und zur nächsten oder gar übernächsten Filiale derselben Kette eilt, den erwartet dort meist dieselbe Antwort: Leider nicht mehr vorhanden.

«Lockvogelangebote» heißen die heiß umworbenen Waren, die am angekündigten Verkaufstag schon nach wenigen Stunden oder bereits Minuten nirgends mehr auffindbar sind. Die Grundidee: Einmal im Geschäft, soll der Kunde auf teurere Produkte ausweichen oder sich mit anderen, eigentlich gar nicht ins Auge gefassten Waren eindecken.

Die Masche jedoch, die gerade große Discounter immer wieder gerne zum Einsatz bringen, läuft gesetzlichen Regelungen klar zuwider. § 5 Absatz 5 des Gesetzes gegen den Unlauteren Wettbewerb legt fest: «Es ist irreführend, für eine Ware zu werben, die unter Berücksichtigung […] der Gestaltung und Verbreitung der Werbung nicht in angemessener Menge zur Befriedigung der zu erwartenden Nachfrage vorgehalten ist. Angemessen ist im Regelfall ein Vorrat für zwei Tage, es sei denn, der Unternehmer weist Gründe nach, die eine geringere Bevorratung rechtfertigen.»

Grundsätzlich sollen die beworbenen Produkte – den Erwartungen der Käufer entsprechend – also eine gewisse Zeit vorhanden sein. § 5 UWG spricht von «in der Regel» zwei Tagen, an denen der Händler das beworbene Produkt vorrätig halten muss. Die Formulierung lässt demnach Raum für Abweichungen je nach den Umständen des Einzelfalls. Konnte also etwa trotz gründlicher Planung nicht von einem plötzlich einsetzenden Käuferansturm ausgegangen werden, dürfen die angepriesenen Waren u. U. auch schon am Ende des ersten Verkaufstages vergriffen sein. Ebenso gut kann in einzelnen Fällen aber auch eine längere Frist gelten. Dass die Produkte gleich nach Verkaufsbeginn nicht mehr zu haben sind, ist jedenfalls nicht rechtens. Hier hilft dem Händler auch der Zusatz «Nur solange der Vorrat reicht» nicht weiter. Seine Werbung war «irreführend» im Sinne von § 5 UWG.

Doch was hat das wiederum zur Konsequenz? Was tun als Kunde? Ein Anspruch auf Lieferung des Produkts zum versprochenen Reklamepreis besteht nicht. § 5 UWG bietet lediglich Konkurrenten des jeweiligen Händlers oder Verbraucherzentralen die Möglichkeit, juristisch vorzugehen, damit dem Lockvogelangebot nicht nochmals Kunden auf den Leim gehen. Der verschaukelte Verbraucher selbst kann leider kaum etwas unternehmen, er geht leer aus. Wer schon völlig entnervt ist, sollte sich die Werbeanzeige, die Uhrzeit vor Ort im Geschäft sowie Anschriften von Zeugen notieren und das Ganze an eine Verbraucherzentrale weiterleiten. So kann wenigstens sie rechtliche Schritte einleiten.

Fazit

Nicht immer ist das «Wahnsinns-Schnäppchen» ein echter Knüller: wenn es nämlich bereits kurz nach Ladenöffnung gar nicht mehr zu haben ist. Zwar ist der Händler gesetzlich verpflichtet, während der ersten Verkaufstage die Angebotsregale gefüllt zu halten. Tut er das nicht, kann der Kunde jedoch wenig unternehmen. Die Wettbewerbsverletzung durch dessen Irreführung können nur Konkurrenten oder Verbraucherzentralen juristisch verfolgen.

Bei Anruf Werbung – Terror am Telefon

Ob während des Mittagsschläfchens oder der geliebten Vorabendserie: Die Anrufe kommen fast immer ungelegen, ihre Botschaft jedoch ist oft verheißungsvoll: «Ich grüße Sie ganz herzlich als Gewinner unserer Traumreise», «Wir haben Sie für ein einmaliges Angebot ausgewählt», das oder Ähnliches verspricht eine charmante Stimme am anderen Ende der Leitung. Ein todsicherer Lotteriegewinn, ein unverzichtbares Zeitschriftenabonnement oder ein ausgeklügeltes Steuersparmodell – kaum etwas, das sich nicht via Telefon ins heimische Wohnzimmer bestellen ließe.

Die Angerufenen jedoch empfinden die Telefonate zumeist als lästig. Umfragen haben ergeben, dass sich 94% der Verbraucher durch Werbeanrufe gestört fühlen. Die wenigsten aber legen gleich wieder auf. Professionell geschulte Call-Center-Mitarbeiter verstehen sich auf das Geschäft der Verführung. So manchen Verbraucher vermögen sie in der Leitung zu halten, bis das beabsichtigte Geschäft zustande gekommen ist.

Was viele nicht wissen: Unerwünschte Werbeanrufe sind gesetzlich verboten. Einzige Ausnahme: Der Angerufene hat zuvor ausdrücklich sein Einverständnis erklärt. § 7 UWG des Gesetzes über den unlauteren Wettbewerb (UWG) spricht eine ganz unmissverständliche Sprache: Unlauter handelt, wer einen Marktteilnehmer (dazu gehören auch Verbraucher) in unzumutbarer Weise belästigt. Eine unzumutbare Belästigung ist insbesondere anzunehmen bei einer Werbung mit Telefonanrufen gegenüber Verbrauchern ohne deren Einwilligung.

§ 7 UWG soll den Verbraucher in seiner Privatsphäre schützen. Der Werbeanrufer ist in aller Regel professionell geschult; sein einziges Ziel der Abschluss eines Geschäfts. Der Angerufene hingegen ist überrascht – in seinem privaten Umfeld erwartet er gar keinen geschäftlichen Anruf. Grundgedanke des Verbots unerwünschter Telefonwerbung ist demnach: Die Privatsphäre wiegt schwerer als das Streben nach Gewinn.

Selbst wer bereits Kunde eines Unternehmens ist, darf nur bei Rückfragen zum bestehenden Vertragsverhältnis angerufen werden. Verboten ist dagegen die sogenannte «Nachfasswerbung», die Ihnen mit einiger Wahrscheinlichkeit auch schon einmal begegnet sein dürfte. Insbesondere Zeitschriftenverlage rufen ihre Kunden nach Kündigung des Abonnements gerne etwa mit der Nachfrage an, ob diese mit Zeitung oder Zustellung nicht zufrieden gewesen seien. Das eigentliche Ziel des Anrufs folgt prompt: Der Kunde soll das Abo verlängern oder ein neues abschließen, im Gegenzug bietet der Anrufer oft Preisnachlässe oder kleine Präsente. Rechtliche Einstufung des Ganzen: schlicht unzulässig.

Resümee: Nur wer zuvor sein Einverständnis erteilt hat, darf zu Werbezwecken angerufen werden. Für den großen Klassiker «Gewinnspielkarte» gilt übrigens nach einer Entscheidung des Landgerichts Düsseldorf: Selbst wenn der Teilnehmer eine darauf vermerkte Einwilligungsklausel zu Werbeanrufen nicht durchgestrichen haben sollte, hat er damit nicht etwa ein Einverständnis zu Werbeanrufen erklärt.[1] Der Verbraucher habe beim Ausfüllen einer Teilnahmekarte nämlich nicht das Bewusstsein, «irgendeine Erklärung zu anderen Sachverhalten abzugeben», vor allem, wenn sich der Satz im Kleingedruckten befinde.

Zwar ist eine Vielzahl von Werbeanrufen wie gerade beschrieben verboten, doch scheren sich die Werbeunternehmen um derartige Nebensächlichkeiten tatsächlich? Die traurige Antwort lautet ganz häufig: Nein. Was aber tun, wenn man sich – vielleicht sogar ganz erheblich – belästigt fühlt?

Dem entnervten Verbraucher bieten sich insbesondere vier Möglichkeiten:

I. Eintrag in die sogenannte Robinsonliste
II. Auflegen
III. Sperrung verlangen
IV. Abmahnen

I. Eintrag in die Robinsonliste
Eine Möglichkeit, unerwünschte Telefonwerbung zu stoppen, ist ein Eintrag in die sogenannte «Robinsonliste» für den Bereich Telefon. Die Robinsonliste ist ein Verzeichnis von Telefonnummern der

Die Gewinnspielkarte: Trotz Einwilligungsklausel kein Einverständnis mit zukünftigen Werbeanrufen

Personen, die keine ungebetenen Werbeanrufe erhalten möchten. Der Name «Robinsonliste» ist an die Romanfigur des Robinson Crusoe angelehnt, die bekanntlich lange Jahre ohne jeden Kontakt zur Außenwelt auf einer einsamen Insel verbrachte. Die Liste führt der Interessenverband Deutsches Internet e. V.; ein Eintrag ist anonym und kostenlos möglich. Sie finden sie unter

http://www.telerobinson.de

Verfügen Sie selbst nicht über einen Internetzugang oder kennen sich mit diesem Medium nicht besonders gut aus, können Sie einen Bekannten bitten, Ihre Nummer für Sie einzutragen.

Seriöse Call-Center nehmen Einblick in die Liste – und es kehrt Ruhe ein. Gegenüber allen anderen empfiehlt sich ein Vorgehen nach den Punkten II.–IV.

II. Auflegen
Wer die Grundlagen einer guten Kinderstube vorübergehend zu vergessen imstande ist, kann Weg zwei beschreiten: einfach auf-

legen. Doch auch wem solches schwerfällt, ist besser beraten, sich nicht auf ein Gespräch einzulassen: Unversehens ist der vom Telefonprofi anvisierte Vertrag zustande gekommen.

III. Sperrung verlangen
In einigen Fällen führt auch Alternative drei zur Ruhe: die Sperrung der eigenen Daten für Marketingaktionen fordern. Darauf besteht ein Rechtsanspruch. Wie sehr dieser allerdings viele Unternehmen beeindruckt: s. o., nämlich gar nicht.

IV. Abmahnen
Wer bereits so entnervt ist, dass er dem bunten Treiben auf jeden Fall ein Ende setzen will, beschreitet den folgenden Weg, der (neben dem Eintrag in die Robinsonliste) die größte Gewähr bietet, zukünftig von unerbetenen Anrufern verschont zu bleiben.

Das Motto dabei lautet: ausfragen statt ausfragen lassen. Dazu eine kurze Gebrauchsanweisung: Man bekunde Interesse und erfrage Namen und Firma des Anrufers. Zusätzlich erbitte man die Zusendung von Informationsmaterial. Schließlich notiere man Datum und Uhrzeit des Gesprächs. Mit diesen Unterlagen suche man nunmehr rechtskundige Hilfe auf. Wer rechtsschutzversichert ist, kann seinem Rechtsanwalt einen Besuch abstatten. Damit machen Sie auch dem Anwalt Ihres Vertrauens eine kleine Freude, denn eine Abmahnung ist schnell geschrieben. Andernfalls empfiehlt sich der Gang zur Verbraucherzentrale.

Hier wie dort wird man eine Abmahnung verfassen und den Werber zur Abgabe einer Erklärung auffordern, derartige Anrufe zukünftig zu unterlassen. Bei weiteren Verstößen lässt sich das Ganze auch gerichtlich durchsetzen. In aller Regel jedoch werden Sie von weiteren Anrufen dieses Unternehmens in Zukunft verschont bleiben.

> **Fazit**
> Unerwünschten Werbeanrufen zu begegnen ist gar nicht so einfach, zumal sich viele Unternehmen nicht um die gesetzlichen Verbote kümmern. Die Bändigung wahrhaft renitenter Werber ist oft nur durch eine Abmahnung von Anwalt oder Verbraucherzentrale möglich.
> Sollte das Kind übrigens schon in den Brunnen gefallen, ein im Nachhinein bereuter Vertrag also zustande gekommen sein, besteht kein Grund zur Panik: Den Vertrag können Sie innerhalb von zwei Wochen ohne Angabe von Gründen widerrufen, ratsamerweise schriftlich und per Einschreiben.
> Machen Sie den Anrufern jedoch am besten von vornherein ganz deutlich: Kein Abschluss unter dieser Nummer!

Bitte «Keine Werbung» in den Briefkasten?

Ist man auf dem täglichen Weg zum Briefkasten noch voller Hoffnung, so schlägt diese Stimmung bei dessen Öffnung meist jäh um: weder die verschämte Liebeserklärung eines heimlichen Verehrers noch der langersehnte Bescheid über die Nebenkostenzurückzahlung; stattdessen: stapelweise Werbematerial.

Supermarktprospekte, Postwurfsendungen, Anzeigenblätter – so mancher Briefkasten ist kaum noch in der Lage, der täglichen Papierflut Herr zu werden. Anders als bei Telefonwerbung blättert so mancher jedoch ganz gerne in den bunten Blättern, die sich Tag für Tag in seiner Post tummeln. Und wer dies nicht tut, verfügt über erfolgversprechende Möglichkeiten, sich des farbenfrohen Blätterwalds zu entledigen.

Denn auch bei unerwünschter Briefkastenwerbung eilt der bereits aus dem vorangegangenen Kapitel bekannte § 7 UWG dem genervten Verbraucher zu Hilfe: «Eine unzumutbare Belästigung einer Privatperson ist insbesondere anzunehmen bei einer Werbung, obwohl erkennbar ist, dass der Empfänger diese Werbung nicht wünscht.»

Wer seinen Briefkasten werbefrei halten möchte, muss dies also lediglich der Außenwelt kundtun. Dafür genügt bereits der bekannte Hinweis «Bitte keine Werbung einwerfen». Einige Vermie-

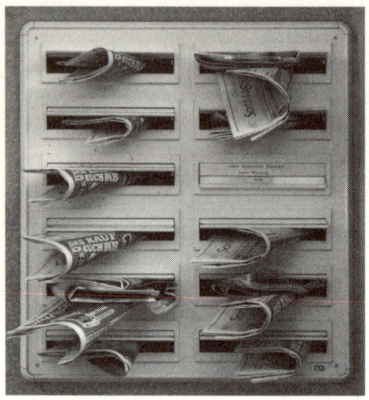

ter liefern den Aufkleber bei Einzug gleich mit, andernfalls lässt er sich in Kaufhäusern erwerben. Sind Sie künstlerisch veranlagt, können Sie den Hinweis natürlich auch selbst anfertigen; rechtlich entfaltet Ihr schöpferisches Tätigsein exakt dieselbe Wirkung. Wünschen Sie darüber hinaus auch keine Anzeigenblätter, sollten Sie dies zusätzlich zum Ausdruck bringen, etwa «Bitte keine Werbung und keine kostenlosen Zeitschriften einwerfen».

Der Hinweis «Werbung Nein Danke» wehrt übrigens auch Briefe ab, die sich «An alle Haushalte» wenden. Nur speziell mit Ihrem Namen beschriftete Postwurfsendungen können auch weiterhin zu Ihnen gelangen. Der Postbote ist nämlich nicht verpflichtet (und wohl auch kaum in der Lage), Ihre Briefe nach «erwünscht» und «unerwünscht» zu sortieren. Fühlen Sie sich durch Postwurfsendungen belästigt, hilft meist ein freundliches Schreiben an deren Absender. Führt ein solches nicht zum Erfolg, können Sie auf das aus dem vorangegangenen Kapitel bekannte Mittel zurückgreifen: den Gang zu Anwalt oder Verbraucherzentrale. Von dort wird wiederum eine Abmahnung versandt werden, verbunden mit der Aufforderung, weitere Werbung zu unterlassen. Spätestens jetzt sollte Frieden einkehren.

STOP Bitte keine unadressierte Werbung

Fazit

Tut Ihr Briefkasten nach außen hin deutlich kund, was er von Werbung hält, sollten Sie weitestgehend hiervon verschont bleiben.

Denjenigen, die auf Ihren Hinweis partout nicht achten wollen, ist wiederum nur mit einer Abmahnung von Anwalt oder Verbraucherzentrale zu helfen.

Weitere Werbewege: Email, SMS und Fax

Die Zahl der Kommunikationsmedien steigt – und mit ihr die Zahl unerwünschter Reklamemaßnahmen. Längst haben auch Werbeunternehmen die Möglichkeiten von Fax, Email oder SMS entdeckt. Und gebärden sich dabei besonders hemmungslos: Denn die Gelegenheit, vom Ausland aus zu operieren und ungeschoren davonzukommen, ist hier besonders groß.

Untersagt sind diese Werbeformen ebenso wie die per unerwünschtem Anruf oder Brief; weil er eine so schön klare (und verbraucherfreundliche) Sprache spricht, soll § 7 UWG noch ein letztes Mal zu Wort kommen: «Eine unzumutbare Belästigung ist insbesondere anzunehmen bei einer Werbung unter Verwendung von automatischen Anrufmaschinen, Faxgeräten oder elektronischer Post, ohne dass eine Einwilligung der Adressaten vorliegt.»

Fax Werbung, die aus dem Telefax quillt, ist ein besonderes Ärgernis: Sie kostet neben Papier und Toner nämlich oft genug auch den Schlaf des Empfängers – wird sie doch aus Kostengründen häufig zu nachtschlafender Zeit verschickt. Mindestens ebenso ärgerlich ist, dass man sich gegen den Kundenfang per Faxgerät nur schwerlich wehren kann. Robinsonlisten helfen meist nicht weiter, da den Verzeichnissen gerade bei Telefaxwerbung wenig Beachtung geschenkt und zudem oft vom Ausland aus operiert wird. Aus diesem Grund versprechen auch Abmahnungen oder Unterlassungsklagen kaum Erfolg. Was also tun? Am ehesten fruchten noch folgende Praxistipps: Nachts – sofern möglich – das Faxgerät ausschalten oder Faxe gleich generell auf dem Computer empfangen. Dort können Sie unerwünschte löschen und bedeutsame ausdrucken. Auf keinen Fall kostenpflichtige Rückfaxnummern (meist mit 0900 oder 0190 beginnend) wählen, selbst wenn damit angeblich weitere Werbung abbestellt werden kann. Abgesehen von den Unkosten zeigt dieses Vorgehen nämlich meist gar keine Wirkung. Und ist Ihre Anwahl unter Werbefirmen bereits so bekannt, dass Sie ständig Papier nachfüllen müssen, hilft nur noch eine Radikalkur: beim Netzbetreiber Antrag auf neue Faxnummer stellen und diese nach Möglichkeit nicht in öffentliche Verzeichnisse eintragen.

Email Aphrodisiaka zum Traumpreis oder der Gewinn eines Luxuswagens – wer noch nie eine Werbemail erhalten hat, verfügt über kein elektronisches Postfach. Welche Ausmaße der virtuelle Reklamefeldzug angenommen hat, zeigt schon, dass dafür eigens ein neues Wort kreiert wurde: Spamming. Die Vorteile für die Werbefirmen liegen auf der Hand: Kostenlosigkeit, eingeschränkte Verfolgungsmöglichkeiten und ein weiter Kreis von Empfängern. Letztere werden oft gezielt in Internetforen, Singlebörsen und Gästebüchern ausfindig gemacht. Oder Computerprogramme erzeugen automatisch mutmaßliche Emailadressen wie Vorname.Name@ yahoo.de, an die die Werbung dann ebenso automatisch versandt wird.

Gegen die PR-Flut haben sich vor allem zwei Maßnahmen bewährt: zum einen die Aktivierung des Anti-Spam-Filters der Emaildienste sowie die Einrichtung einer Zweitadresse; anstatt des privaten Postfachs kann diese bei Chats oder Forenbeiträgen zum Einsatz kommen. Neuerdings besteht zudem die Möglichkeit, Werbemails an den Verbraucherzentrale Bundesverband (vzbv) weiterzuleiten: beschwerdestelle@spam.vzbv.de. Dort übernimmt man die Verfolgung der Absender und informiert bei Bedarf die Kollegen im Ausland, damit Unterlassungsklagen auch gegen ausländische Werber durchdringen. Ziel ist, Gewinne abzuschöpfen und Spamming auf diese Weise unattraktiv zu machen.

SMS Noch nicht ganz so verbreitet wie Email- oder Faxwerbung ist die Reklame per Kurznachricht. Ihr kann am effektivsten mit Präventivmaßnahmen begegnet werden. Sowohl die Nutzung von Free-SMS-Diensten im Internet wie auch der Bezug von Klingeltönen über sogenannte Premium-SMS können schnell zu Werbefallen werden. Hier heißt es also: Äußerste Zurückhaltung üben. Und lässt sich ein per SMS versprochener Kreuzfahrtgutschein nur durch Rückruf erlangen, gilt im Zweifel ebenso wie für Werbefaxe: Trotz Gewinnaussicht Beherrschung üben. Abgesehen von den Ausgaben für den Anruf besteht die Gefahr, erst recht unter Werbebeschuss zu geraten.

Fazit

Der Kundenfang über die neueren Kommunikationsmittel ist leider nur schwerlich einzudämmen, da er den Werbeunternehmen vortreffliche Verschleierungschancen bietet; kommt die PR aus dem Ausland, ist ein rechtliches Vorgehen oft kaum möglich. Am besten hilft noch Vorbeugen: also Fax- oder Handynummer bzw. Emailadresse möglichst sparsam publik machen. Und dringt dennoch die eine oder andere Reklamebotschaft durch, bleibt manchmal tatsächlich nichts anderes übrig als wegwerfen oder löschen.

Rund um den Kauf

Gekaufte Ware mangelhaft

Die gerade gelieferte Geschirrspülmaschine verweigert ihre Dienste. Auf dem neuen Fernsehbildschirm sind nur mit gutem Willen schemenhafte Umrisse Kevin Costners zu erkennen. Oder der soeben gekaufte Gameboy stürzt ständig ab, was zu lautstarken Unmutsbekundungen im Kinderzimmer führt.

So vielfältig die Produkte, die die Kaufhausregale füllen, so vielfältig die Fehler, mit denen sie behaftet sein können. Häufig helfen Händler in diesen Fällen schnell weiter. Doch können manche von ihnen auch anders: Sie verweisen ihre Kunden auf Hersteller-Hotlines, quälen deren Nerven mit endlosen Reparaturen oder wiegeln im schlimmsten Fall alle Ansprüche von vornherein ab.

Dabei stehen dem Käufer für den Fall, dass die im Geschäft erworbene Sache fehlerhaft ist, gleich mehrere sogenannte «Gewährleistungs»-Rechte zu. Der Verkäufer hat Gewähr dafür zu leisten, dass seine Ware mangelfrei ist. Ist sie es nicht, kann der Käufer Reparatur oder Lieferung einer neuen, unbeschädigten Sache verlangen.

Und zwar vom Händler. Der darf seinen Kunden nämlich nicht auf den Hersteller (oder dessen oft kostenpflichtige, kaum funktionierende Hotline) verweisen. Der Händler mag vom Hersteller regelmäßig Reparatur oder Neulieferung verlangen können, dem Käufer gegenüber ist er jedoch selbst in der Pflicht.

Dieser muss die fehlerhafte Ware noch nicht einmal ins Geschäft bringen. Zwar gehen Reparatur oder Neulieferung auf diesem Wege wohl meist schneller vonstatten, doch kann der Kunde ebenso gut verlangen, dass der Händler die Ware bei ihm abholt. Finden sich im Innern des neuen Eichenschranks haufenweise Holzwürmer oder gibt die Waschmaschine nach drei Spülgängen den Geist auf, kann sich das als sehr hilfreich erweisen. Sämtliche Transportkosten muss, so § 439 des Bürgerlichen Gesetzbuchs, der Händler übernehmen: «Der Verkäufer hat die zum Zwecke der Nacherfüllung erforderlichen Aufwendungen, insbesondere Transport-, Wege-, Arbeits- und Materialkosten zu tragen.» Das ist nachvollziehbar: Der Kunde ist schließlich nicht dafür verantwortlich, dass die Ware fehlerhaft ist. Er kann sie demnach auch unfrankiert einschicken oder etwa nach erfolgter Reparatur das Porto zurückverlangen.

Auch muss er auf letztere nicht ewig warten. Länger als drei Wochen sollte die Ausbesserung auch bei größeren oder technisch komplizierten Gegenständen nicht dauern. Tut sie es dennoch, können Kunden schriftlich eine Frist von einer weiteren Woche setzen, nach deren Ablauf ein Rücktritt vom Kaufvertrag möglich ist – das heißt: Sie erhalten ihr Geld zurück, die defekte Ware kann der Händler behalten.

Entgegen weitverbreiteter Annahme ist die Aufbewahrung des Kassenbons übrigens nicht nötig, um auf die eigenen Gewährleistungsrechte zu pochen. Und schon gar nicht müssen Keller oder Dachboden sämtliche Originalverpackungen erworbener Produkte erdulden, nur um – für den Fall der Fälle – keine Ansprüche zu verlieren. Man sollte den Kauf des Produkts bei einem bestimmten Händler lediglich nachweisen können: Statt des Kassenbons können auch Zeugen, die an der Kasse dabeiwaren, oder bei Kartenzahlung der Kontoauszug als Nachweis dienen.

Zwei Rechte also hat der Käufer grundsätzlich, wenn die Ware nicht in Ordnung ist, und das nach freier Wahl: Reparatur oder Lieferung einer neuen, mangelfreien Sache. Endlos allerdings steht der Händler auch nicht in der Pflicht. Gute Karten hat der Käufer, wenn seit dem Kauf erst bis zu sechs Monate ins Land gezogen sind. Denn während dieses Zeitraums muss der Händler beweisen, dass sein Produkt von Anfang an in Ordnung war – insbesondere bei Massenware ein wohl unmögliches Unterfangen. Kann er dies nicht, muss er reparieren oder nachliefern.

Auch nach den ersten sechs Monaten steht der Händler noch in der Gewährleistungspflicht, insgesamt nämlich zwei Jahre lang.

Doch kehrt sich für die letzten anderthalb Jahre dieser Frist die Beweislast um: Nun muss der Käufer beweisen, dass der Mangel von Anfang an vorhanden war, also nicht etwa auf sein Verhalten zurückzuführen ist. Das kann oft schwierig, in einigen Fällen sogar unmöglich sein, muss es aber nicht: Setzt beispielsweise eine kaputte Platine die neue Hightech-Stereoanlage matt, an die der Kunde gar nicht heranzukommen vermag, kann er den Defekt auch nicht verursacht haben.

Fazit

Der bekannte Spruch ist wahrscheinlich den meisten Händlern geläufig: «Qualität ist, wenn der Kunde zurückkommt und nicht die Ware.» Sollte letzteres einmal der Fall sein, beheben sie den Mangel für gewöhnlich reibungslos. Und tun sie es nicht, können Kunden auf ihre Gewährleistungsrechte – Reparatur oder Neulieferung – pochen. Am besten innerhalb der ersten sechs Monate nach Kauf. Zwar bestehen die Ansprüche noch bis zu zwei Jahre danach, doch muss während der letzten 18 Monate der Frist der Käufer nachweisen, dass der Fehler von Anfang an vorhanden war.

Reparatur garantiert

«Trotz riesiger Auswahl haben wir die tiefsten Preise in der Region. Sollten Sie eines unserer Angebote innerhalb von 14 Tagen woanders günstiger sehen, erstatten wir den Differenzbetrag. Garantiert.»

Von Garantien ist überall die Rede. Preis-, Zufriedenheits-, Beschaffenheits- oder Haltbarkeitsgarantien – es gibt nichts, was es nicht gäbe. Was sich aber hinter dem Begriff verbirgt, ist selbst manch altgedientem Verkäufer nicht ganz klar. Insbesondere die Unterscheidung zwischen Gewährleistung und Garantie wird immer wieder munter durcheinandergewürfelt.

Die «Gewährleistung» war im vorangegangenen Kapitel Thema: Das Gesetz gewährt dem Käufer bestimmte Rechte für den Fall, dass die gekaufte Sache Mängel aufweist. Eine Garantie dagegen ist eine freiwillige Zusage des Herstellers oder Händlers; sie tritt neben die gesetzlichen Ansprüche. Zweck der Garantie ist es, ein Produkt für den Verbraucher attraktiver zu machen, sein Vertrauen in Ware oder Herstellerfirma zu stärken. Da es sich bei der Garantie um eine freiwillige zusätzliche Leistung handelt, ist der Garantiegeber jedoch auch völlig frei darin, diese auszugestalten: So kann er für den Schadensfall bestimmte Reparaturwerkstätten vorschreiben, die Garantie zeitlich kürzer oder länger fassen als die gesetzlichen Gewährleistungsregeln oder von weiteren Voraussetzungen wie dem Vorhandensein der Originalverpackung abhängig machen. Welche Rechte der Käufer im Einzelfall hat, lässt sich in der Garantieerklärung nachlesen.

Der Hersteller oder Verkäufer, der eine Garantie gibt, kann seiner Kreativität also freien Lauf lassen. Und so finden sich im Handel alle möglichen Arten von Garantien: Mit der sogenannten Beschaffenheitsgarantie etwa übernimmt der Verkäufer die Gewähr für eine bestimmte Beschaffenheit der Kaufsache. Prangt auf dem Händlergrundstück ein Schild mit der Aufschrift «Gebrauchtwagen fahrbereit», so ist damit garantiert, dass dem Vehikel aus zweiter Hand nicht auf den ersten Metern nach Verlassen des Geländes die Luft ausgeht. Auch bei den verbreiteten Zusicherungen namhafter Autohersteller hinsichtlich der Haltbarkeit des Lacks handelt es sich um Beschaffenheitsgarantien.

Eine Haltbarkeitsgarantie dagegen sichert die Funktionsfähigkeit einer Sache über einen bestimmten Zeitraum zu. Im Schadensfall kann der Käufer meist die Reparatur der Sache verlangen, wobei insbesondere die Frage des Transports sehr unterschiedlich ausgestaltet sein kann: Beim Bring-In-Service muss der Kunde das Gerät selbst zum Händler bringen bzw. an den Hersteller versenden. Beim Pick Up & Return-Service hingegen sorgt der Verkäufer für kostenlose Abholung und Rücktransport. Bei der höchsten aller Serviceformen, dem Vor-Ort-Service, setzt ein Mitarbeiter des Herstellers das Produkt direkt beim Käufer instand.

Weitere häufig anzutreffende Garantien sind neben denjenigen zu Beschaffenheit und Haltbarkeit etwa die Preis- oder Zufriedenheitsgarantie. Während die Preisgarantie eine Preisangleichung zusichert, falls ein Produkt anderswo günstiger zu haben ist, gewährt die Zufriedenheitsgarantie gar ein befristetes Rückgaberecht bei Unzufriedenheit mit der erworbenen Ware.

Fazit

Die Garantie ist eine freiwillige zusätzliche Leistung von Hersteller oder Händler neben den gesetzlichen Gewährleistungsrechten. Der Garantiegeber kann sie völlig frei ausgestalten – weshalb am besten noch vor dem Kauf ein Blick in die Garantieerklärung erfolgen sollte. Dort kann die Tücke auch im Detail stecken: Es kann durchaus sein, dass der Käufer im Garantiefall die defekte Geschirrspülmaschine zum Händler bringen oder die Originalverpackung vorweisen muss. Und dann ist der Frust ganz schnell vorprogrammiert. Garantiert.

Kaufsache umgetauscht

Gerade zur Festzeit geschieht es immer wieder: Wenn unterm Weihnachtsbaum die «Stunde der Wahrheit» schlägt, kommt so manches Verlegenheitsgeschenk zum Vorschein, das dem Beschenkten allenfalls anstandshalber ein Lächeln auf die Lippen zaubert. Und schon so mancher mit kindlicher Vorfreude erwartete Geburtstagsmorgen soll ob unwillkommener Präsente in Missstimmung versunken sein.

Mehrere Lösungen bieten sich an: Etwa bei Ebay – vielleicht sogar mit Gewinn – verkaufen, im Keller verstauen oder weiterverschenken. Der erste Gedanke aber lautet meist: Umtauschen.

Viele meinen, vom Händler den Umtausch verlangen zu können. Ein Irrtum, wie schon die alten Römer wussten: Pacta sunt servanda – Verträge sind einzuhalten.

Doch schließe ich überhaupt jedes Mal einen Vertrag, wenn ich etwas kaufe? Ja. Verträge bestehen aus Angebot («Ich möchte diesen Artikel kaufen») und Annahme («Einverstanden»). Sie müssen keineswegs schriftlich fixiert, sondern können auch mündlich oder durch schlüssige Handlungen abgeschlossen werden – etwa durch Platzieren der Ware auf dem Fließband und Bezahlung an der Kasse, ohne dass dabei ein Wort fiele. Den ersten Kaufvertrag des Tages schließen Sie oft bereits beim allmorgendlichen Brötchenholen.

Und da das Gesetz seine Adressaten grundsätzlich für «mündige» Bürger hält, erwartet es eben, dass diese sich vorher überlegen, was sie wirklich haben wollen. Die Rückgabe einer Kaufsache lässt es daher nur zu, wenn sie mangelhaft ist. Die Rücknahme einwandfreier Ware ist dagegen Kulanz des Händlers. Verweigert er sie, so ist das nur sein gutes Recht.

Viele Geschäfte räumen den Kunden allerdings freiwillig ein Umtauschrecht ein. Dann ist üblicherweise auf dem Kassenbon vermerkt, bis wann ein Umtausch möglich ist. Wer bei Nichtgefallen Bares sehen will, hat jedoch meist Pech: In der Regel bieten die Verkäufer nur eine Gutschrift an, mit der sich der Kunde aus dem Sortiment etwas anderes aussuchen kann. Bestehen also ausgeprägte Zweifel, ob Geschenk oder auch bloß irgendetwas aus dem Händlerangebot gut ankommen wird, sollten Sie eine Umtauschoption in Scheine und Münzen mit dem Verkäufer vereinbaren: «Rückgabe gegen Geld innerhalb von 14 Tagen möglich.» Aus Gründen der Nachweisbarkeit möglichst auf dem Kassenzettel vermerken lassen!

Ganz gleich übrigens, ob ein Umtausch in klingende Münze oder in Waren ausgehandelt ist: Der Verkäufer kann stets verlangen, dass die zurückgegebenen Artikel unversehrt und noch originalverpackt sind.

Fazit

«Augen auf – Kauf ist Kauf» – sagt ein altes deutsches Sprichwort. Und genauso ist es: Der Händler ist keineswegs verpflichtet, einen gekauften Artikel umzutauschen. Wer sich also nicht sicher ist, ob mausgraue Socken an Großvaters Geburtstag auch zum fünften Mal hintereinander für Dankbarkeit sorgen werden, sollte ein Umtauschrecht speziell vereinbaren.

Verpackung aufgerissen: Verpflichtung zum Kauf?

Herr Schmidtke, von Natur aus neugierig, zählt zu den ersten Kunden des neu eröffneten Elektronikfachhandels in seiner Gemeinde. Zielstrebig begibt er sich in die Musikabteilung, wo sein Blick sofort auf das brandneue Stereoanlagenmodell fällt. Ein Traumgerät – leider auch zu einem Preis, dessen Bezahlung Herr Schmidtke nicht einmal zu erträumen wagte. Doch wenigstens einmal anfassen: Da das Ausstellungsstück ganz oben im Regal platziert ist, greift Herr Schmidtke kurzerhand den nächsten Karton und löst das Klebeband, bis die Anlage zum Vorschein kommt. Liebevoll streichelt er über das glatte Mahagoniholz, als hinter ihm die barsche Stimme eines Verkäufers ertönt. Auf ein Schild über der Kasse deutend, erklärt er Herrn Schmidtke, dass er das Gerät nunmehr auch kaufen müsse. Dieser ist entsetzt, sieht er sich doch bereits jahrelangen Ratenzahlungsverpflichtungen ausgesetzt.

Erst der Gang zur Verbraucherzentrale nimmt ihm den Schrecken. Dort nämlich klärt sich auf, dass der Kunde in diesen Fällen keineswegs zum Kauf gezwungen ist: Bei dem häufig anzutreffenden Schild «Das Aufreißen der Ware verpflichtet zum Kauf» handelt es sich um eine Allgemeine Geschäftsbedingung, und zwar – wie das Oberlandesgericht Düsseldorf festgestellt hat – um eine unwirksame.[2] Wie die Richter ausführten, benachteilige sie den Käufer nämlich unangemessen. Möglich sei immerhin, dass durch das Aufreißen der Verpackung überhaupt kein Schaden entstehe, weil diese nur unwesentlich beschädigt und die Verkäuflichkeit der Ware durch das Aufreißen überhaupt nicht beeinträchtigt werde. Dass der Kunde den Artikel kaufen müsse, der an Wert nichts verloren habe, sei daher nicht gerechtfertigt. Denn man könne ohne Weiteres die Verpackung wiederherstellen und die Ware trotzdem verkaufen.

Kaufen muss Herr Schmidtke also gar nichts; auf einem anderen Blatt steht aber, ob er nicht dennoch «etwas bezahlen» muss. Hat er nämlich Schäden an Verpackung oder Ware verursacht, muss er sie dem Händler natürlich ersetzen. Ist wie hier lediglich der Klebestreifen von der Verpackung gelöst, müsste er auch nur diesen bezahlen – was der Händler schon aus Gründen der Kundenorientierung allerdings kaum verlangen dürfte. Hätte Herr Schmidtke zum Öffnen der Verpackung aber etwa seinen Schlüssel verwendet und dabei für Kratzer auf dem teuren Gerät gesorgt, müsste er für die Beschädigung aufkommen. In aller Regel wird diese aber nicht den vollen Warenwert erreichen.

Fazit

«Das Aufreißen der Verpackung verplichtet zum Kauf der Ware» – obgleich das Oberlandesgericht Düsseldorf bereits ein gegenteiliges Urteil gefällt hat, findet sich dieser Hinweis auch heute noch über mancher Kasse. Käuflich zu erwerben hat der Kunde in diesen Fällen jedoch gar nichts. Allein den etwaigen Schaden, den er an Verpackung oder Ware verursacht hat, muss er ersetzen. Und dieser dürfte nur in Ausnahmefällen die Höhe des Kaufpreises erreichen.

Rund ums Autofahren

Auf Parkplatzsuche: Showdown am Straßenrand

Die Parklücke: insbesondere in Großstädten eine heiß begehrte Rarität.

Kaum jemand, dem noch nie ein Fluch über fehlende Abstellmöglichkeiten oder überzogene Parkhauspreise über die Lippen gekommen wäre. Und wer hat beim Entdecken eines gerade verlassenen Zwischenraums nicht schon einen kurzen, aber innigen Moment der Freude erlebt? E-Klasse-Fahrer, die noch keinem Smart wehmütig beim Einparken zugesehen hätten, sind rar. Und wer durch nächtliche Innenstadtgassen schlendert, findet den Bürgersteig praktisch nie hindernisfrei vor …

Knappe Güter sind naturgemäß hart umkämpft. Der Streit um die Parklücke gehört zu den Klassikern des Verkehrsalltags.

Von Mahnworten über Beschimpfungen ist der Weg dabei oft nicht weit zum wechselseitigen Vortrag ebenso handfester wie schlagkräftiger Argumente; eines unzähliger Beispiele aus der Presse:

Streit um Parklücke endete mit einem Schuss
Ein Streit um eine Parklücke in Wedding ist am Sonnabend derart eskaliert, dass am Ende ein Beteiligter eine Schreckschusswaffe zog, aus der sich ein Schuss löste. Zuvor hatten die Kontrahenten – zwei Paare – aufeinander eingeschlagen.

Im Streit um den begehrten Parkplatz in der Transvaalstraße prügelten sich der 20-jährige Anwohner K. und der 44-jährige M. aus Tempelhof. Plötzlich griff M. in sein Handschuhfach und holte einen Schreckschussrevolver heraus. Als K. versuchte, die Waffe an sich zu reißen, löste sich im Handgemenge ein Schuss. «Der junge Mann wurde an der rechten Brust getroffen», hieß es bei der Polizei. Auch die beiden Frauen, die als Beifahrerinnen im Auto saßen, stiegen aus und schlugen sich gegenseitig. Alle kamen zur ambulanten Behandlung ins Krankenhaus.

Quelle: Tagesspiegel, 7. 3. 2005

Ein gewisses Verständnis – wenn auch nicht für derartige Fälle – wird man wohl aufbringen können: Nach anstrengender Arbeit und fünfmaligem Umrumden des eigenen Häuserblocks etwa dürfte selbst der Sanftmütigste ein Gefühl der Anspannung verspüren. Und in einer solchen Gemütslage des einzig frei werdenden Platzes beraubt zu werden …

Wem aber steht das Objekt der Begierde im Konfliktfall eigentlich zu?

§ 12 Absatz 5 StVO bemerkt hierzu:

«An einer Parklücke hat Vorrang, wer sie zuerst unmittelbar erreicht; der Vorrang bleibt erhalten, wenn der Berechtigte an der Parklücke vorbeifährt, um rückwärts einzuparken, oder wenn er sonst zusätzliche Fahrbewegungen ausführt, um in die Parklücke einzufahren. Dies gilt entsprechend für Fahrzeugführer, die an einer frei werdenden Parklücke warten.»

Das Gesetz spricht also eine deutliche Sprache. Es gilt der Grundsatz: Derjenige, der eine Parklücke zuerst erreicht, hat Vorrang.

Er muss sie allerdings unmittelbar erreicht haben. Befindet sich der freie Abstellplatz auf der gegenüberliegenden Straßenseite, so reicht das nicht aus.

Ist der Zwischenraum jedoch unmittelbar erreicht, so kann man sich beim Rangieren Zeit lassen: Der Vorrang bleibt erhalten, auch wenn man etwa noch an der Parklücke vorbeifahren muss, um dann rückwärts einparken zu können.

Anhand einer Skizze lässt sich das Ganze am besten verdeutlichen:

Der helle Wagen hat die Parklücke zuerst erreicht und dann passiert, um rückwärts hineinsetzen zu können.

Der später eintreffende dunkle Wagen darf sie nicht besetzen, obgleich er vielleicht das wendigere Gefährt oder den schneidigeren Fahrstil hat. Tut er es doch, kann ihn seine Verwegenheit zehn Euro kosten.

Die dargestellten Quadratmeter Parkfläche gehören für die nächste Zeit dem Fahrer des hellen Fahrzeugs.

Gleiches gilt nach § 12 Absatz 5 – letzter Satz – übrigens beim Warten auf eine gerade frei werdende Lücke. Der Wartende hat auch dann Vorrang vor einem hinzukommenden Pkw, wenn er erst noch rangieren muss, um hineinzugelangen.

Eine alternative Lösungsmöglichkeit für den Konflikt um die Parklücke zeigt folgende Geschichte:

In der Essener Innenstadt versuchte ein älterer Herr mit einem Mercedes rückwärts einzuparken. Im selben Moment kam ein junger Mann in einer Ente und schnappte dem älteren Herrn den Parkplatz weg. Zu allem Überfluss klopfte er nach dem Aussteigen auf das Dach des Mercedes und sagte: «*Jung und wendig müsste man sein!*» Daraufhin hat der ältere Herr zurückgesetzt und mit Vollgas die Ente demoliert, so dass dem jungen Spund Hören und Sehen vergangen ist: «*Ja, alt müsste man sein – und reich!*»

Quelle: Der Rattenhund – Sagen der Gegenwart, Helmut Fischer, S. 57

Doch nicht jeder ist alt und reich (oder auch bloß alt und gut versichert). Weitaus beliebter ist daher der Versuch, sich die ersehnte Parklücke bereits prophylaktisch reservieren zu lassen. Der Satz «Steig schon mal aus und halt mir den Platz frei!» ist in dieser oder ähnlicher Form zweifelsohne schon vielen Beifahrern zu Ohren gekommen.

Wer der Aufforderung eifrig nachkam und die Lücke unter Einsatz eines finsteren Blickes (sowie aller sonst erforderlichen Mittel) verteidigte, hat offenbar noch nicht von § 1 Absatz 2 StVO gehört. Der lautet:

«Jeder Verkehrsteilnehmer hat sich so zu verhalten, dass kein anderer geschädigt, gefährdet oder mehr als nach den Umständen unvermeidbar, behindert oder belästigt wird.»

Hält ein Fußgänger eine Parklücke frei, so ist darin eine allgemeine Verkehrsbehinderung im Sinne des § 1 Absatz 2 StVO zu sehen. Den Parkplatz auf diese Weise zu sichern, ist also unerlaubt. Einer obergerichtlichen Entscheidung zufolge darf ein Autofahrer den Fußgänger mit seinem Wagen sogar «sanft berühren», um ihn zur Freigabe des Platzes zu bewegen (bei Interesse: OLG Naumburg, Az. 1 Ss 505/97–07/98). Konsequenzen – etwa wegen Nötigung – muss er dabei nicht befürchten.

«Du kannst nicht vorbei!» mag Gandalf in Herr der Ringe dem Balrog von Moria zugerufen haben, auf deutschen Straßen gilt das Gegenteil.

Fazit

Der Grundsatz beim Gerangel um die Parklücke lautet: «Wer zuerst kommt, mahlt zuerst.» Und zwar auch dann, wenn noch Rangierbewegungen ausgeführt werden müssen, um in die Lücke zu gelangen. «Reservieren» lassen sich im Übrigen nur Bahntickets, nicht aber Parklücken.

Blitzer: Bitte recht freundlich

Unter scharfen Zungen auch als «Gebühreneinzugsmaschine» bekannt, haben wohl die meisten Autofahrer schon manche unerquickliche Begegnung mit ihm hinter sich: dem Blitzgerät. Möglichst spät wahrnehmbar platziert, lauert es besonders gern an

unübersichtlichen Kreuzungen, Autobahnausfahrten, Durchgangs-
straßen oder in verkehrsberuhigten Zonen. Und trägt neben der
Konditionierung von Temposündern zu einer spürbaren Steigerung
des Stadtsäckelumfangs bei.

Geschwindigkeitsüberschreitungen sind Ordnungswidrigkeiten,
die mit einer Verwarnung oder mit einem Bußgeldbescheid geahndet werden können. Das Verwarnungsgeld in Höhe von bis zu
35 Euro sanktioniert kleine Verstöße gegen das Straßenverkehrs-
recht. Punkte beim Kraftfahrtbundesamt in Flensburg oder ein
Fahrverbot sind damit nicht verbunden. Bei schwereren Verstößen
ergeht ein Bußgeldbescheid. Er hat mindestens 40 Euro Bußgeld
und wenigstens einen Punkt im Verkehrszentralregister sowie ggf.
ein Fahrverbot zur Folge. Gestaffelt sind die Sanktionen zum einen
nach dem Maß der Überschreitung der vorgegebenen Höchstge-
schwindigkeit, zum anderen nach dem Ort des Geschehens: Entweder inner- oder eben außerhalb geschlossener Ortschaften.

Innerhalb geschlossener Ortschaften

Über-schreitung Höchst-geschwindigkeit in km/h	Regelsatz	Punkte in FL	Fahrverbot
bis 10	15 €		
11–15	25 €		
16–20	35 €		
21–25	50 €	•	
26–30	60 €	•••	
31–40	100 €	•••	1 Monat
41–50	125 €	••••	1 Monat
51–60	175 €	••••	2 Monate
61–70	300 €	••••	3 Monate
über 70	425 €	••••	3 Monate

Überschreitung Höchstgeschwindigkeit in km/h	Regelsatz	Punkte in FL	Fahrverbot
bis 10	10 €		
11–15	20 €		
16–20	30 €		
21–25	40 €	•	
26–30	50 €	•••	
31–40	75 €	•••	
41–50	100 €	•••	1 Monat
51–60	150 €	••••	1 Monate
61–70	275 €	••••	2 Monate
über 70	375 €	••••	3 Monate

Vor die Sanktion hat der Rechtsstaat das rechtliche Gehör gesetzt, d. h. vor hoheitlicher Bestrafung muss der Betroffene Gelegenheit zur Äußerung haben. Bevor also etwa ein Bußgeldbescheid ergeht, muss der vermeintliche Verkehrssünder angehört werden. Das kann – bspw. bei einer Verkehrskontrolle – gleich vor Ort geschehen. Im Regelfall jedoch erhalten die Halter des aufgenommenen Kraftfahrzeugs nach gewisser Zeit per Post einen Anhörungsbogen. Angaben zur Sache muss niemand machen; tut man dies dennoch, ist das grundsätzlich gegebene Schweigerecht verwirkt – hier also besser Vorsicht walten lassen! Auf den Anhörungsbogen folgt der eigentliche Bußgeldbescheid der Behörde. Wer ihn nicht für rechtens hält, kann innerhalb von zwei Wochen Einspruch einlegen. Und das ist nicht selten anzuraten: Experten schätzen, dass ca. 15 % aller Bußgeldbescheide angreifbar sind.

Denn nicht nur auf deutschen Autobahnen und für Wagenlenker, auch im deutschen Paragraphendschungel lauern Fallstricke, und zwar für die Verkehrsbehörden: Das geht bereits beim Geschwindigkeitsmessgerät los, dessen Eichfristen penibel eingehalten werden wollen. Und der von ihm aufgenommene Schnappschuss muss eine eindeutige Identifikation des Betroffenen ermöglichen. Ist das nicht der Fall, ist der Bußgeldbescheid rechtswidrig. Schließlich ist auch die Verjährungsfrist bei Ordnungswidrigkeiten äußerst knapp bemessen: Sie beträgt lediglich drei Monate. Durch die Anordnung der Versendung eines Anhörungsbogens beginnt sie allerdings erneut zu laufen, d. h. bis zum Bußgeldbescheid bleiben der Behörde nochmals drei Monate Zeit. Nicht selten übersieht sie jedoch, dass eine Anhörung bereits mündlich vor Ort stattgefunden hat (z. B. bei einer Verkehrskontrolle oder nach einem Unfall), der Anhörungsbogen einen neuerlichen Fristlauf also gar nicht in Gang zu setzen vermag. Wer meint, zu Unrecht belangt worden zu sein, sollte einen Rechtsbeistand aufsuchen. Denn nur Anwälten ist es erlaubt, Einsicht in die Verfahrensakten zu nehmen. Sie selbst können auf der Wache nur auf die Kulanz der Beamten hoffen, Ihnen ausnahmsweise Einblick in die Akte zu gewähren.

Nebenbei bemerkt: Wer in Sorge um Wohl und Wehe(n) der schwangeren Ehefrau auf die Tube drückt, muss keinen Führerscheinentzug fürchten. Ein werdender Vater hatte den Weg zum Krankenhaus mit 122 km/h statt der vorgeschriebenen 80 zurückgelegt. Das Oberlandesgericht Karlsruhe hob das behördlich festgesetzte Fahrverbot von einem Monat wieder auf.[3]

Fazit

«Das wichtigste Zubehör eines Autos ist eine gut gefüllte Brieftasche» – wusste schon der Wirtschaftswissenschaftler Lothar Schmidt. Ein Blick auf oben abgebildete Tabellen macht deutlich, wie zutreffend diese Feststellung ist.

Nicht immer jedoch ist ein Bußgeldbescheid rechtmäßig: Fehler am Messgerät selbst, mangelnde Qualität des Fotos oder die kurze Verjährungsfrist können der Zahlungspflicht im Wege stehen. Bestehen Zweifel, empfiehlt sich der Gang zum Rechtsanwalt. Denn nur dieser kann uneingeschränkt Akteneinsicht nehmen.

Alkohol am Steuer

Wer kennt ihn nicht? Den inneren Konflikt um gute Tropfen, drohenden Führerscheinverlust und die eigene Bequemlichkeit. Die Auswege sind begrenzt: Partner? Ebenso wenig geneigt, auf ein Gläschen Wein zu verzichten. Bus? Meistens schon weg. Und um die Zeit sowieso randvoll mit Jugendlichen, die lautstark ihre erste Begegnung mit Alkohol zelebrieren. Taxis? In der Regel alle besetzt, ebenfalls von gerade erwähnter Meute. Also doch hinters Steuer und auf die eigene Begabung zur Selbstbeherrschung (oder eben ein unbehelligtes Davonkommen) hoffen?

Alkohol und Autofahren – der Konflikt mit dem Gesetz ist geradezu vorprogrammiert. Eigens für trunkene Fahrzeuglenker wurde die sogenannte «Blutalkoholkonzentration» (BAK) entwickelt, eine in Promille gerechnete Maßeinheit für die Feststellung des Alkoholisierungsgrads. Ermittelt wird die BAK bekanntermaßen durch Atem- oder Blutalkoholtests. Will ein freundlicher Polizist Sie bei einer Verkehrskontrolle zum «Pusten» animieren, können Sie ihm seinen Wunsch ohne weiteres abschlagen. Geleitet er Sie daraufhin allerdings zum nächsten Revier, stößt Ihre Freiheit auf Grenzen: Der von einem Arzt durchgeführten Blutalkoholprobe müssen Sie sich unterziehen.

Nachfolgende Tabelle bietet einen Anhaltspunkt, welches geistige Getränk welche BAK bewirkt:

Drink	Alkohol-anteil	Trink-menge	durchschnitt-licher Promille-grad (BAK)
Bier	5%	0,3 l	0,28–0,45
Wein oder Sekt	10%	0,2 l	0,37–0,61
Eierlikör	20%	0,02 l	0,06–0,09
Weinbrand	38%	0,02 l	0,11–0,18
Melissengeist	80%	0,02 l	0,23–0,37

Die Tabelle gibt die Werte für einen Menschen von durchschnittlicher Größe, Gesundheit, Alkoholgewöhnung und durchschnittlichem Körpergewicht wieder. Sie kann damit allenfalls eine ganz grobe Orientierung bieten; der Durchschnittsmensch ist schließlich noch nirgendwo gesichtet worden. Letztlich reagiert jeder ganz individuell auf Spirituosen. Das hängt von den gerade erwähnten Faktoren wie Alkoholgewöhnung, Körpergewicht etc. ab – aber auch von Umständen wie «auf leeren Magen» trinken, Zusammenwirken mit Medikamenten u. s. w. Konsequenz: Eigentlich ist nur derjenige auf der sicheren Seite, der sich für den Griff nach einem von beiden – Glas oder Steuer – entscheidet.

Was aber, wenn dies misslingt? Dann gewinnen die folgenden BAK-Grenzwerte Bedeutung:

0,3 Promille   Ab einer BAK von 0,3 Promille gilt man als «relativ fahruntüchtig», soll heißen: Wer durch Fahrunsicherheiten wie etwa Schlangenlinienfahren auffällt oder einen Unfall verursacht, muss sich vorhalten lassen, dass dies mit seinem Alkoholkonsum in Zusammenhang steht. Er muss in der Regel für mindestens sechs Monate von seinem Führerschein Abschied sowie eine Geldstrafe und sieben Punkte beim Flensburger Kraftfahrtbundesamt in Kauf nehmen. Wer mit 0,3 Promille jedoch noch keine alkoholbedingten Fahrfehler zeigt, bleibt unbehelligt. Dies ändert sich erst ab

0,5 Promille   0,5 Promille im Blut und die Hand am Lenkrad – diese Kombination nennt sich Ordnungswidrigkeit. § 24 a des Straßenverkehrsgesetzes stellt fest: «Ordnungswidrig handelt, wer im Straßenverkehr ein Kraftfahrzeug führt, obwohl er 0,5 Promille oder mehr Alkohol im Blut hat.» Die Regelung erfasst also jedes Wagenlenken mit einer BAK von mindestens 0,5 Promille – gleichgültig, ob Fahrunsicherheiten vorliegen oder nicht. Sanktioniert wird der Fehltritt mit einem Bußgeld zwischen 250 und 1500 Euro, einem Fahrverbot von bis zu drei Monaten sowie vier Punkten in Flensburg. Kann man mit einer BAK von 0,3 Promille also noch einmal ungeschoren davonkommen, ist das spätestens ab 0,5 Promille vorbei.

1,1 Promille Nach § 316 des Strafgesetzbuches macht sich strafbar, wer im Verkehr ein Fahrzeug führt, obwohl er infolge des Genusses alkoholischer Getränke nicht in der Lage ist, das Fahrzeug sicher zu führen. Dies trifft auf denjenigen zu, der sich mit einer BAK von 1,1 Promille oder mehr in motorisierter Weise fortbewegt. Fachsprachlich ausgedrückt ist er «absolut fahruntüchtig». Wer in diesem Zustand angetroffen wird, macht sich stets nach § 316 StGB strafbar, die Folgen: Eine saftige Geld- oder gar Freiheitsstrafe, mindestens sechs Monate Führerscheinentzug und sieben Punkte im Verkehrszentralregister. Hart, aber nicht ungerecht: denn den eigenen Schutzengel ebenso wie den anderer auf diese Weise herauszufordern ...

Übrigens: Für Fahranfänger ist seit August 2007 nur noch eine Zahl von Bedeutung: Die Null. Wer sich noch in der Probezeit befindet oder unter 21 Jahre alt ist, darf vor Fahrtantritt keinen Tropfen Alkohol zu sich nehmen. Andernfalls drohen neben Bußgeld und Punkten in Flensburg Verlängerung der Probezeit um weitere zwei Jahre sowie die Verpflichtung zum Besuch eines Aufbauseminars.

> **Fazit**
> Alkohol am Steuer ist teuer. Wobei der Verlust des schnöden Mammons viele noch nicht einmal so schmerzt wie der der Fahrerlaubnis. Also doch: Entweder in der Disziplin «Überzeugen innerhalb der Partnerschaft» wahre Meisterschaft erlangen – oder eben Bus bzw. Taxi nehmen. Auch das Geld für letzteres ist in jedem Fall gut angelegt, wie die gerade genannten Zahlen zeigen.

Unanständig: Unfallflucht

Beim Einparken einen Außenspiegel erwischt, auf ländlicher Schlaglochspur einen Weidezaun touchiert oder in der Nacht ein Verkehrsschild gerammt – und es ist weit und breit niemand zu sehen. Schnell gerät der Fahrer in innere Konflikte: Fluchtinstinkt und Furcht vor Bestrafung auf der einen Seite, moralische Grundsätze,

Gewissensnöte und Furcht vor noch größerer Bestrafung auf der anderen. Nicht selten geschieht es, dass der Entkommensimpuls die Oberhand gewinnt. Etwa in jedem fünften Fall, so die Statistik, sucht der Fahrer schleunigst das Weite.

Die damit begangene Unfallflucht ist jedoch alles andere als ein Kavaliersdelikt. § 142 des Strafgesetzbuches, der das Ganze etwas schwerfällig «Unerlaubtes Entfernen vom Unfallort» nennt, kennt Sanktionen von Geldstrafen bis zu drei Jahren Haft. Außerdem drohen Führerscheinentzug und sieben Punkte in Flensburg – die Höchstpunktzahl also, die nur für besonders gewichtige Verkehrs-vergehen vergeben wird.

Der Vorschrift zufolge ist jeder Unfallbeteiligte verpflichtet, nach einem Verkehrsunfall mit Fremdschaden am Ort des Geschehens zu bleiben, damit geklärt werden kann, ob und wie er am Unfall beteiligt war. Durch diese Feststellungen soll der Geschädigte später seine rechtlichen Interessen wahrnehmen können.

Doch wer ist eigentlich Unfallbeteiligter? Die Antwort findet sich in Absatz 5 von § 142: «Jeder, dessen Verhalten nach den Um-ständen zur Verursachung des Unfalls beigetragen haben kann.» Also nicht etwa nur Wagenlenker, sondern beispielsweise auch der Beifahrer, dessen aus dem Fenster geworfene Coladose einen Rad-ler zu Fall brachte, der Inliner, der einen Passanten anfuhr, oder der Radfahrer, der beim Aufsatteln unvorsichtigerweise den Lack eines parkenden Pkw zerkratzte. Unfallflucht kann also bis hin zum Fußgänger von allen Verkehrsteilnehmern begangen werden. Der «Klassiker» aber ist und bleibt die Unfallflucht der motorisier-ten unter ihnen.

Ist der Geschädigte am Unfallort anwesend, so muss der Unfall-verursacher diesem seine Personalien nennen. Ist wie oft niemand da, der die eigenen Daten aufnehmen könnte, reicht es keineswegs, den berühmten Zettel mit der eigenen Adresse an eine Windschutz-scheibe zu heften. Schon deswegen nicht, weil dann jeder behaup-ten könnte, er habe einen Zettel hinterlassen. Aber auch die Art der Beteiligung, ob also etwa Alkohol mit von der Partie war, lässt sich dann nicht mehr feststellen.

Vielmehr heißt es nun: abwarten, ob nicht doch noch feststel-lungsbereite Personen an der Unfallstelle vorbeikommen. Und wie lange? Das lässt sich nicht pauschal beantworten. Gerichtsentscheidungen zufolge muss der Verkehrsteilnehmer «eine den Umständen des Einzelfalls angemessene Zeit» warten. Die berüchtigten «Umstände des Einzelfalls» also.

Tageszeit, Höhe des Schadens, Schwere des Unfalls oder auch die Lage der Unfallstelle können hier eine Rolle spielen. Bei den üblichen Parkschäden reicht nach herrschender Rechtsprechung eine Wartepflicht von ungefähr 20 Minuten, bei schwerwiegenderen Kollisionsfolgen kann sie aber durchaus auch mehrere Stunden betragen. Im Zweifelsfall also lieber die eine oder andere Minute mehr verstreichen lassen.

Ein weitverbreiteter Irrtum ist, dass man gleich weiterfahren und sich binnen 24 Stunden bei der Polizei melden könne. Dann ist die Fahrerflucht schon begangen. Wer in den nächsten 24 Stunden Polizei oder Geschädigten benachrichtigt, kann allenfalls auf Straffreiheit oder -milderung hoffen. Eine Eintragung im Verkehrszentralregister oder Führerscheinentzug drohen dennoch. Man hat nicht, wie viele meinen, einmal rund um die Uhr Zeit, den Unfall anzuzeigen.

Nach Ablauf der Wartezeit heißt es vielmehr, die nötigen Feststellungen «unverzüglich» zu ermöglichen. Entweder also einer nahen Polizeidienststelle mitzuteilen, dass man an dem Unfall beteiligt war. Oder über die Zulassungsstelle Name und Anschrift des Geschädigten zu erfragen: Bei Angabe des Anlasses des Anrufs sind die Daten dort unproblematisch zu bekommen. «Unverzüglich» heißt zwar nicht sofort. Bei nächtlichem Parkschaden muss niemand den Geschädigten aus dem Bett klingeln. Am nächsten Morgen ist er jedoch zu informieren. Sofern möglich, sollte gleich der erste Weg nach Verstreichen der Wartefrist zum Telefon führen …

> **Fazit**
> Ob «Ich habe überhaupt keinen Aufprall bemerkt» oder «Ich musste zu einem wichtigen Termin»: Ausreden helfen vor Gericht selten weiter und die Sanktionen für Unfallflucht sind streng. Also besser für eine gewisse Zeit vor Ort ausharren und anschließend Polizei oder Geschädigten informieren. Meist dreht es sich ohnehin bloß um Kratzer oder kleine Beulen, die die eigene Haftpflichtversicherung reibungslos reguliert.

Punkte in Flensburg – und wie man sie wieder los wird

«Sammeln Sie Punkte?» – an kaum einer Kasse kommt man ungefragt vorbei. Kaufhäuser, Tankstellen, Supermärkte und Apotheken haben die Möglichkeiten der Kundenbindung entdeckt, die deren Sammelleidenschaft bietet. Nur im hohen Norden ist in einem halben Jahrhundert – das Flensburger Kraftfahrtbundesamt feierte 2006 seinen 50. Geburtstag – noch niemand bekannt geworden, der dem Punktefang mit Leidenschaft nachgegangen wäre.

Denn die dort verteilten Punkte sind alles andere als beliebt, spiegeln sie doch die eigenen Verkehrssünden wider: am häufigsten Geschwindigkeitsüberschreitungen, danach Alkohol am Steuer, aber auch Fahren bei Kirschgrün, Missachten der Vorfahrt oder fehlender Abstand zum Vordermann. Ins Verkehrszentralregister eingetragen werden bestimmte Ordnungswidrigkeiten (mit ein bis vier Punkten) und Straftaten (fünf bis sieben Punkte). Während Raser, Bleifüße und Temposünder Ordnungswidrigkeiten begehen, ist bei Straftaten meist Alkohol im Spiel.

Erreicht der Punktestand stolze Höhen, droht Ungemach: Ab acht Punkten spricht die Fahrerlaubnisbehörde eine kostenpflichtige Verwarnung aus. Ab 14 Punkten ordnet sie die Teilnahme an einem Aufbauseminar an. Mit selbst zu tragenden Kosten von circa 250 bis 300 Euro soll das «Nachsitzen» die Einstellung der Teilnehmer zum Straßenverkehr korrigieren. Und wer sich gar 18 Punkte erlaubt, bekommt einen bitterbösen Behördenbrief, in dem von «Fahrerlaubnis» und «Entziehung» die Rede ist. Das geliebte Gefährt kann er getrost fürs nächste halbe Jahr vermieten oder in der Garage parken, denn eine neue Fahrerlaubnis erhält er frühestens nach sechs Monaten. Und muss zuvor regelmäßig noch eine weitere Hürde nehmen: die medizinisch-psychologische Untersuchung, im Volksmund als «Idiotentest» berüchtigt.

Punkte in Flensburg und ihre Konsequenzen

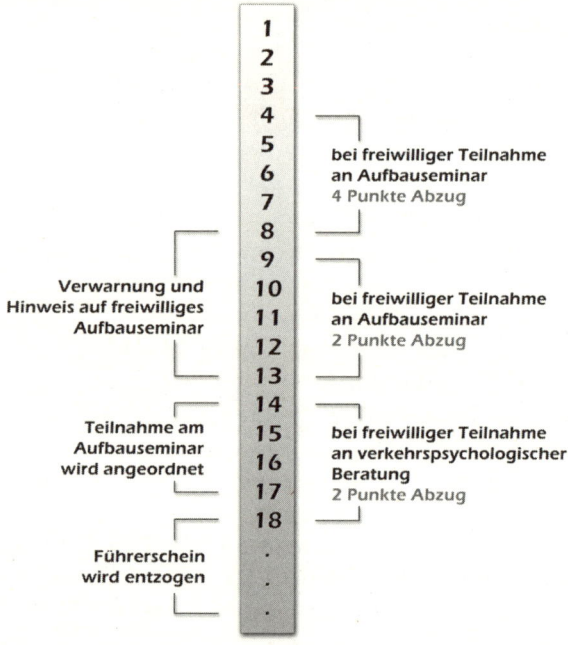

Wer sich also bewusst ist, schon fleißig «gepunktet» zu haben, dem empfiehlt sich ein vorsorglicher Blick ins große Buch der Verkehrssünden. Dazu genügt ein Brief an das Kraftfahrtbundesamt (Anschrift: Kraftfahrt-Bundesamt, Verkehrszentralregister, 24932 Flensburg) mit der Bitte um Auskunft über bestehende Eintragungen. Wichtig dabei: Sämtliche Vornamen und das Geburtsdatum angeben, Kopien von Personalausweis oder Reisepass beifügen. Die erwünschte Auskunft wird Ihnen dann kostenfrei zugesandt.

Ist darin bereits Unheilverkündendes vermerkt, nicht erschrecken: Punkte sind nichts für die Ewigkeit; sie können durchaus wieder gelöscht bzw. abgebaut werden.

Automatisch entfernt das Zentralregister Bußgeldentscheidungen, die bereits seit zwei Jahren vorhanden sind. Bei Verkehrsstraftaten beträgt die Tilgungsfrist dagegen entweder fünf oder zehn Jahre, je nachdem ob Alkohol und Drogen im Spiel waren (dann zehn Jahre) oder nicht (fünf Jahre). Kommt im Laufe der Tilgungsfristen allerdings eine neue Tat hinzu, beginnen die Fristen auch für die vorangegangenen erneut zu laufen. Ordnungswidrigkeiten müssen jedoch spätestens nach fünf Jahren gelöscht werden.

Und wer nicht mit so viel Geduld gesegnet ist, kann auch selbst Eintragungen abtragen: Der freiwillige Besuch eines Aufbauseminars schafft bei einem Punktestand von bis zu acht Punkten vier derselben aus der Welt, bei einem Stand zwischen neun und dreizehn Punkten immerhin noch deren zwei. Wer bereits zwischen 14 und 17 Punkten erreicht hat, kann durch die freiwillige Teilnahme an einer verkehrspsychologischen Beratung ebenfalls zwei loswerden. Das Führerschein-Vorsorgeprogramm lässt sich allerdings nur einmal in fünf Jahren durchführen.

Nicht anzuraten sind dagegen die Präventionsmanöver, die etwa im Internet häufig angepriesen werden: «Geblitzt? Bei Rot über die Ampel? Führerschein in Gefahr? Ich übernehme drei Punkte für Sie!» Der Punkt für 200 bis 300 Euro, Fahrverbote gar für mehrere Tausend, floriert der Verkehrssündenhandel wie eh und je. Wer sich auf ihn einlässt, muss freilich mit Sanktionen rechnen: Die einschlägige «Falsche Verdächtigung» desjenigen, der gar nicht hinter dem Steuer saß, ist nach § 164 des Strafgesetzbuchs mit Geldstrafe oder Freiheitsstrafe bis zu fünf Jahren bedroht. Dann doch lieber gleich die Verkehrsregeln einhalten …

Fazit

Über 8,4 Millionen Autofahrer verfügen beim Kraftfahrtbundesamt über ihr ganz persönliches Punktekonto. Gehören Sie dazu, befinden Sie sich also in bester Gesellschaft.

Bereits das Handy am Ohr kann einen kalten Punkteschauer aus Flensburg auslösen – und die Folgen sind oft gravierend: heißt es doch irgendwann gar von der Fahrerlaubnis Abschied nehmen.

Wichtig ist also, den Überblick zu behalten und spätestens bei Bedrohung des Führerscheins einzuschreiten.

Rund ums Rad

Der Fahrradklau geht um

Etwa 400 000 Fahrräder wechseln jedes Jahr in Deutschland rechts-
widrigerweise den Besitzer. Traurige Folge für die Bestohlenen:
Kummer um den liebgewonnenen Untersatz und abgelaufene
Schuhsohlen, vom Weg nach Hause ebenso wie dem zur Polizei.
Letzterer zeigt zudem nur selten Wirkung: Die Aufklärungsquote
dümpelt bei Fahrraddiebstählen um die zehn Prozent. Was also
tun? So verschieden die Menschen, so unterschiedlich ihre Lö-
sungswege:

Für immer absteigen Von zweifelhaftem Nutzen, aber nicht un-
beliebt: Etwa ein Viertel derjenigen, die bereits einmal Opfer von
Langfingern wurden, reagiert mit einem Verzicht auf zukünftiges
Radeln.

Griff zum Gebrauchtrad Wer einen schmerzlichen Verlust hin-
nehmen musste, sattelt häufig auch auf Fahrräder minderer Qualität um. 50% der Bestohlenen trauen sich nach Feststellungen des
deutschen Fahrradclubs «nur noch mit Schrotträdern auf die
Straße». Zumindest die alltäglichen Fahrten zu Bahnhof oder Ein-
kauf nehmen viele nur noch auf diese Weise in Angriff.

Gut gesichert Wer sich sein Pedalrittertum hingegen so einiges
hat kosten lassen, sollte auch beim Schloss nicht geizen. Bügelschlösser und Panzerkabel sind zwar oft so unhandlich wie schwer
– und auch der tiefe Griff in die Tasche mag Überwindung kosten.
Doch entfalten sie meist abschreckende Wirkung, da sie sich nur
mit viel Zeit und schwerem Werkzeug überwinden lassen. Spiral-
kabelschlösser dagegen haben neben dem Kostenaspekt den Vorteil,

dass sich Fahrrad und Baum oder Zaun ohne Probleme vereinen lassen – doch was nutzen solch zarte Bande, wenn ein Dieb sie in kürzester Zeit wieder aufzulösen vermag?

Länger als drei Minuten, so die Polizei, versuchen sich lange Finger selten an einem Fahrradschloss; diesen Zeitraum überstehen jedoch meist nur Bügelschlösser oder Panzerkabel.

Gut versichert Ist das Fahrrad teuer und nachts oft draußen abgestellt, kann auch eine spezielle Fahrradversicherung Sinn machen: Die Kosten hängen dabei vom Wert des Fahrrads ab. Als Alternative bietet sich die Hausratversicherung an, wobei für die Einbeziehung von Fahrrädern in der Regel ein Aufschlag fällig wird.

Rahmen codiert Circa 15 Euro kostet eine sogenannte «Codierung» bei Polizei, Fahrradhändler oder –club: Auf dem Fahrradrahmen werden dabei Initialen und Adresse des Eigentümers in verschlüsselter Form eingraviert. Selbst das schnellste Rennrad oder das angesagteste Mountainbike verlieren dadurch für Diebe deutlich an Attraktivität. Die Codierung macht den Weiterverkauf auf Flohmärkten, im Internet oder an Hehler nämlich überaus schwierig, wenn nicht gar unmöglich. Und sie hat noch einen weiteren Vorteil: Immer wieder werden Fahrräder lediglich für eine Spritztour «entliehen» und dann unverschlossen irgendwo stehen gelassen. Die Wahrscheinlichkeit, dass ein codiertes Rad in diesen Fällen den Weg zu seinem Eigentümer zurückfindet, ist groß. Nicht codierte Räder hingegen werden in der Regel irgendwann in öffentlichen Versteigerungen unter den Hammer städtischer Mitarbeiter geraten.

Wie der Zufall es will, soll schon so mancher Eigentümer sein abhanden gekommenes Fahrrad irgendwo stehen sehen haben. Doch darf er es dann einfach so an sich nehmen? Nein. Der neue Besitzer (der das Rad etwa auf dem Flohmarkt erstanden hat) und sogar der Dieb selbst können sich auf Besitzschutzrechte berufen und die Wegnahme gegebenenfalls gar mit Gewalt verhindern. Besser also: die Polizei einschalten. Nach Klärung des Sachverhalts wird diese dem Eigentümer das Fahrrad zurückgeben und mit etwas Glück daneben noch dem Dieb das Handwerk legen.

> **Fazit**
> Die Aufbruchstimmung lässt sich Langfingern vor allem auf zwei Wegen
> vermiesen: mittels gutem Schloss oder Codierung, wobei sich die Kom-
> bination von beidem empfiehlt. Ist das Fahrrad erst einmal abhanden-
> gekommen, hilft nur der Gang zur Polizei – und Hoffen.

Regeln beim Radeln

Wer meint, dass bloß motorgetriebene Fortbewegung strengen
Regeln unterläge, irrt. Gesetzgeber und Rechtsprechung sind auch
dort nicht untätig geblieben, wo pure Muskelkraft Speichen und
Räder in Gang setzt:

Nebeneinanderfahren Sehr beliebt unter Radlern, um auch auf
dem Sattel eine gepflegte Unterhaltung zu führen: nebeneinander
herfahren. Der in § 2 Absatz 4 der Straßenverkehrsordnung fest-
gehaltene Grundsatz allerdings lautet: «Radfahrer müssen einzeln
hintereinander fahren; nebeneinander dürfen sie nur fahren, wenn
dadurch der Verkehr nicht behindert wird.» Eine solche Behinderung ist schon dann anzunehmen, wenn schnelleren Verkehrsteilnehmern das Überholen erschwert wird. Wäre ein Kraftfahrer also
beim Vorbeifahren nahezu gezwungen, Bekanntschaft mit der
angrenzenden Botanik zu machen, ist das Nebeneinanderfahren
unzulässig. Generell erlaubt ist es dagegen in Fahrradstraßen. Und
ist eine Gruppe von mindestens 16 Radlern als sogenannter «geschlossener Verband» unterwegs, so darf auch zu zweit nebeneinander auf der Fahrbahn in die Pedale getreten werden. Zudem gilt
der Verband als ein einziger Verkehrsteilnehmer. Fährt also etwa
das erste Rad noch bei «grün» über die Ampel, dürfen die restlichen
selbst dann folgen, wenn sie mittlerweile «rot» sehen.

Handy Nicht nur unter motorisierten Verkehrsteilnehmern,
auch bei Radfahrern sind SMS und Mobilgespräch sehr populär.
Beides ist freilich untersagt. Wer also sogar auf dem Sattel zum
Eintippen einer Kurznachricht imstande ist, den kostet die SMS

statt der üblichen Gebühren (wenn er denn erwischt wird) schnell 25 Euro.

Beleuchtung Immer wieder Stein des Anstoßes zwischen Radlern und Ordnungshütern: die Zweiradbeleuchtung. Gemäß § 67 der Straßenverkehrszulassungsordnung müssen Fahrräder vorne über einen «Scheinwerfer» für weißes Licht und an der Rückseite über eine «Schlussleuchte» für rotes Licht verfügen. Beide müssen über eine «Lichtmaschine», in der Regel also einen Dynamo, betrieben werden. Fehlen sie oder sind sie defekt, drohen Bußgelder. Ausnahmen gelten für Rennräder, die es auf höchstens 11 kg Gewicht bringen: Hier müssen Scheinwerfer und Schlussleuchte nicht fest am Rad befestigt sein; es genügt, wenn der Rennradler sie bei sich führt und nur bei Dämmerung, Dunkelheit oder schlechten Sichtverhältnissen anbringt.

Einbahnstraße Entgegen der Gewohnheit vieler Radfahrer darf eine Einbahnstraße natürlich nicht «verkehrtherum» befahren werden. Eine Ausnahme bilden diejenigen (wenigen) Einbahnstraßen, in denen eine spezielle Beschilderung eben dies gestattet.

Klingel § 64 a der Straßenverkehrszulassungsordnung verlangt «mindestens eine helltönende Glocke» an jedem Zweirad – auch der Klang der Klingel ist also nicht etwa frei wählbar. «Andere Einrichtungen für Schallzeichen» wie etwa Hupen, mit denen sich nichtsahnende Passanten hinterrücks in Angst und Schrecken versetzen lassen, sind nicht erlaubt.

Freihändigfahren Die von Jugendlichen immer wieder gern zelebrierte Pose war dem Gesetzgeber eine eigene Regelung in § 23 Absatz 3 der Straßenverkehrsordnung wert: «Radfahrer und Führer von Kraftfahrzeugen dürfen sich nicht an Fahrzeuge anhängen. Sie dürfen nicht freihändig fahren.» In einer Hand können jedoch bei vorsichtiger Fahrweise Gegenstände wie etwa Supermarkttüten mitgeführt werden.[4]

Helme Mag es auch anzuraten sein, einen Helm zu tragen: In Deutschland besteht keine Pflicht dazu. Kommt es bei einer Kollision mit einem Kraftfahrzeug zu Kopfverletzungen des Radlers,

muss dieser sich wegen des fehlenden Helms daher auch kein Mit-
verschulden entgegenhalten lassen.⁵ Wer allerdings einen Fahrrad-
urlaub in Spanien plant, sollte sich zuvor um ausreichenden Kopf-
schutz kümmern: Zumindest außerorts ist der Sturzhelm dort
vorgeschrieben.

Personenbeförderung Auf der Stange mitfahren – unter frisch
Verliebten oder Freunden durchaus üblich, rechtlich betrachtet
aber unerlaubt: Mitfahren dürfen nur Knirpse unter sieben Jahren
in speziellen Kindersitzen, und auch der Chauffeur muss in diesem
Fall bereits 16 Jahre alt sein. Durch Radverkleidungen oder andere
geeignete Vorrichtungen ist zudem sicherzustellen, dass die Füß-
chen der Kleinen nicht in die Speichen geraten.

Zebrastreifen Fußgängerüberwege und Zebrastreifen dienen der
Sicherheit von Rollstuhlfahrern und Fußgängern. In einen der letz-
teren sollte sich verwandeln, wer den Vorrang genießen will. Der
auf dem Sattel thronende Radfahrer läuft dagegen Gefahr, bei einer
Kollision mit einem Kfz trotz der Markierung einen Großteil des
Schadens selbst tragen zu müssen: Wer den Zebrastreifenschutz
liebt, der schiebt.

Fazit

Im rechtsfreien Raum radeln? Hierzulande nicht möglich. Doch sind
die Regeln unproblematisch in den Griff zu bekommen: grundsätzlich hintereinander und nicht freihändig fahren, helltönende Glocke,
Scheinwerfer und Schlusslicht nicht vergessen, fürs Handygespräch und
vor dem Zebrastreifen absatteln. Und dann unbehelligt in die Pedale
treten.

Gefährliche Pflaster: Radwege

Radwege gibt es in Deutschland in allen erdenklichen Gestalten:
Als eigens für Radler «baulich angelegte» Spur, also getrennt von
Straße und Fußweg, als Radfahrstreifen auf der Fahrbahn mit wei-
ßer Linie markiert oder auch als Teil des Bürgersteigs, der ent-

weder gemeinsam mit Fußgängern oder durch einen Strich getrennt von ihnen zu benutzen ist.

Ist der Radweg mit den bekannten Schildern – weißes Fahrrad auf blauem Grund – versehen, so müssen Zweiradfahrer diesen benutzen; sie dürfen sich also nicht etwa auf der Straße fortbewegen: Die Entmischung der verschiedenen Gruppen von Verkehrsteilnehmern soll möglichen Kollisionen vorbeugen. Auch Radwege auf der linken Fahrbahnseite, auf die das Schild den Radler verweist, sind zu nutzen. Sie darf er selbst dann weiter befahren, wenn irgendwann auf der rechten Seite ein neuer Radweg beginnt. Gilt ansonsten für Zweiräder wie für Kraftfahrzeuge das Rechtsfahrgebot, bietet sich hier also die seltene Gelegenheit zu erlaubtem «Geisterradeln».

Der Grundsatz lautet folglich: Gekennzeichneter Radweg = Benutzungspflicht. Was aber, wenn der Radweg schlicht unbefahrbar ist? Wenn Schnee, Eis, parkende Autos, abgestellte Mülltonnen, Verschmutzung oder Schlaglöcher jede kontrollierte Fortbewegung verhindern? Der Rechtsprechung zufolge darf dann vom vorgeschriebenen Pfad abgewichen werden. Zwar nicht auf den Gehweg, aber auf die rechte Fahrspur oder den Seitenstreifen.

So manchem Gesetzeshüter allerdings scheinen die entsprechenden Gerichtsentscheidungen noch nicht zu Ohren gekommen zu sein. Ereilt den Radfahrer trotz der elenden Verfassung des Radwegs ein Bußgeld, kann er vor Gericht auf sie aufmerksam machen. Manchmal hilft aber auch bereits den Beamten gegenüber ein Hinweis auf die Verwaltungsvorschriften zur Straßenverkehrsordnung: Danach sollen Polizisten bei jeder sich bietenden Gelegenheit den Zustand der Radwege überprüfen und gegebenenfalls bauliche

Maßnahmen bei der Straßenbaubehörde anregen. Wer nicht allzu altklug auf die Regelung verweist, darf auf bußgeldfreie Weiterfahrt hoffen.

Keine Benutzungspflicht gilt übrigens auch bei Fußwegen, die mit dem Zusatzschild «Radfahrer frei» versehen sind. Entgegen der bisweilen lautstark kundgetanen Annahme vieler Autofahrer dürfen Radler in diesen Fällen ebenso gut die Fahrbahn benutzen. Entscheiden sie sich allerdings für den Gehweg, ist Schrittgeschwindigkeit vorgeschrieben. Denn dort sind sie allenfalls geduldete «Gäste».

Während im Sattel sitzende Erwachsene Gehwege grundsätzlich zu meiden haben, gilt für den Nachwuchs gerade Gegenteiliges – § 2 Absatz 5 der Straßenverkehrsordnung lautet: «Kinder bis zum vollendeten 8. Lebensjahr müssen, ältere Kinder bis zum vollendeten 10. Lebensjahr dürfen mit Fahrrädern Gehwege benutzen. […] Beim Überqueren einer Fahrbahn müssen die Kinder absteigen.» Über Querstraßen schieben, ansonsten den Gehweg benutzen: Der gesetzestreue Familienausflug gestaltet sich nicht ganz unkompliziert.

Eine Gruppe schließlich, die erst seit einigen Jahren den Verkehr bereichert, sind die Inline-Skater. Ihrer oftmals beachtlichen Geschwindigkeit zum Trotz sind sie nicht als «Fahrzeuge» anzusehen – und damit auch zur Radwegbenutzung nicht berechtigt. Die rollenden Fußgänger können Sie also hoch zu Drahtross vom Radweg vertreiben.

> **Fazit**
>
> Weißes Zweirad vor blauem Hintergrund – das Verkehrszeichen be-
> schränkt die Fahrradfahrerfreiheit: Der gekennzeichnete Weg ist zu be-
> nutzen, eine Abweichung nur rechtens, wenn er schlicht unbefahrbar
> ist.
>
> Gehwege gehören Fußgängern und Inlinern – nur ausnahmsweise sind
> sie auch für Radler freigegeben, die dann Schrittgeschwindigkeit einhal-
> ten müssen. Allein wer dem Grundschulalter noch nicht entwachsen ist,
> darf auf dem Bürgersteig auch auf zwei Reifen unterwegs sein.

Alkohol am Lenker

Das alljährliche Straßenfest steht an – und alle Erfahrungswerte
deuten auf eine feuchtfröhliche Nacht hin. Erfreulicherweise ist der
Ort des Geschehens nicht besonders weit entfernt. Also rasch das
Drahtross gesattelt. So gerät der Führerschein wenigstens nicht in
Gefahr. Der Fahrtwind macht auf dem Heimweg obendrein wieder
einigermaßen nüchtern – und die Umwelt freut sich auch.

Lauter Pluspunkte also? Nicht ganz. Mögen die Annahmen hinsichtlich Fahrtwind und Umwelt noch zutreffen, so handelt es sich
bei derjenigen über den Führerschein um einen verbreiteten Irrtum:
§ 316 des Strafgesetzbuches zufolge macht sich strafbar, «wer im
Verkehr ein Fahrzeug führt, obwohl er infolge des Genusses alkoholischer Getränke nicht in der Lage ist, das Fahrzeug sicher zu
führen». Unschwer zu erkennen: Die Vorschrift macht keinen Un-
terschied zwischen motorisierten und muskelbetriebenen Fahrzeugen. Logische Folgerung: Auch beschwipsten Radlern drohen
Sanktionen.

Immerhin ist die Grenze für Zweiradfahrer großzügiger bemessen als für die, die auf vier Reifen unterwegs sind. Absolut fahrun-
sicher – und damit gemäß § 316 des Strafgesetzbuchs strafbar – ist
auf dem Sattel erst, wem bereits 1,6 Promille durch die Adern flie-
ßen. Zwar wird die Polizei den Führerschein nicht gleich sicher-
stellen oder das Gericht die Fahrerlaubnis nicht sofort entziehen.
Bekommt die Fahrerlaubnisbehörde jedoch (wie in aller Regel) von
der Sache Wind, kommen bei dieser (ebenso in aller Regel) Zweifel

auf an der Geeignetheit des Betreffenden, im Straßenverkehr ein Fahrzeug sicher zu führen. Sie kann dann ein medizinisch-psychologisches Gutachten anfordern, was sie – Sie ahnen es bereits – in aller Regel tut. Lehnt der Radler das Gutachten von vornherein ab oder fällt er durch die Prüfung, so wird ihm die Führerscheinstelle auch die Fahrerlaubnis für motorisierte Fortbewegungsmittel entziehen.

Und auch die aus dem Kapitel über Alkohol und Autofahren bekannte 0,3-Promille-Grenze spielt für Radfahrer eine nicht ganz unwesentliche Rolle: Wer mit mehr als 0,3 Promille im Blut für den Heimweg die ganze Fahrbahnbreite braucht oder einen Unfall baut, der wird sich eine auf seinem Alkoholkonsum beruhende «relative Fahruntüchtigkeit» vorwerfen lassen müssen. Etwaige Konsequenzen: bis zu sechs Monate Führerscheinentzug und sieben Punkte in Flensburg.

Fazit

Nicht nur volltrunkene Autofahrer riskieren ihren Führerschein; spätestens ab einer BAK von 1,6 Promille gerät er auch am Fahrradlenker in Gefahr. Bei «alkoholtypischen Ausfallerscheinungen» oder Verursachung eines Unfalls genügen sogar schon 0,3 Promille.

Und auch das Verletzungsrisiko benebelter Nachtradler ist nicht zu unterschätzen: Bei schlechten Sichtverhältnissen ohne Airbag oder Sicherheitsgurt auf der Straße Schlangenlinien zu ziehen … Für den Rückweg von Kneipe oder Geburtstagsfeier empfiehlt sich also schlicht: Auto und Fahrrad stehen lassen.

Rund ums Reisen: In Bus & Bahn

«Schwarzfahrer, stellt Euch! Dem Fahrkartenautomaten.»

Bus und Bahn fahren ohne gültigen Fahrausweis – die Folgen sind allgemein bekannt: «Erhöhtes Beförderungsentgelt» (doppelter Fahrpreis für die zurückgelegte Strecke, mindestens aber 40 Euro) sowie unangenehme bis verachtende Blicke von Mitreisenden und Kontrolleuren. Faire Sanktion, meinen Umfragen zufolge die meisten, und ein wenig sozialpsychologische Abschreckung bleibe für die Zukunft vielleicht auch nicht ganz wirkungslos …

Was aber, wenn man unfreiwillig zum Schwarzfahrer wird? Wenn Fahrkartenautomaten ihren Dienst verweigern, die Ticketauskunft am Schalter schlicht unzutreffend war, der Monatsfahrschein zuhause geblieben ist oder man sich im Tarifdschungel verlaufen hat?

So mancher Schwarzfahrer wider Willen wird ebenso zur Kasse gebeten wie andere; das ist aber keineswegs immer rechtens:

Vergessener Fahrschein   «Ich hab' mein Ticket vergessen» – dass diese Ausrede im Bus grundsätzlich genauso wenig Erfolg verspricht wie bei früheren Mathehausaufgaben, ist jedem klar. Einzige Ausnahme: Es handelt sich um ein Wochen- oder Monatsticket, das auf den eigenen Namen ausgestellt ist. Dieses kann innerhalb einer Frist von ein bis zwei Wochen beim jeweiligen Verkehrsunternehmen nachgereicht werden; es fällt dann bloß eine Bearbeitungsgebühr an.

Ungültiges Ticket   Die neue Mode ist die alte, die Jeans von früher wieder «in». Also rein in die betagten Hosenbeine – und siehe da, neben alten Quittungen und Kaugummipackungen finden sich einige unbenutzte Fahrscheine des örtlichen Busunternehmens. Die

Freude ist groß, der richtige Bus schnell gefunden, der Kontrolleur jedoch unerbittlich: Die Tarife seien erhöht worden, der Fahrschein damit ungültig. Recht hat er. Das erhöhte Beförderungsentgelt wird jedoch nur dann fällig, wenn der Fahrgast die Preisänderungen kennen musste; und das wiederum ist nur der Fall, wenn das Busunternehmen sie etwa an Haltestellen unübersehbar bekanntgegeben hat. Wer irgendwo noch in DM ausgezeichnete Tickets entdeckt, darf jedoch ohne weiteres davon ausgehen, dass diese nicht mehr aktuell sind.

Defekter Fahrkartenautomat oder -entwerter   Gerade an kleinen Haltestellen oder Bahnhöfen sucht man vergebens nach Fahrkartenschaltern – und meist befindet sich dort auch nur ein einsamer Automat allein auf weiter Flur. Glücklich der, dem die Maschine nach Geldeinwurf einen Fahrschein ausstellt. Was aber, wenn solches sinnlos ist, der Automat defekt, das Ticket diesem nicht zu entlocken? Dann heißt es: Gerätenummer und Uhrzeit notieren, möglichst einen Schnappschuss mit dem Handy oder Mitreisende auf den Defekt aufmerksam machen. Sollte der Kontrolleur nämlich dennoch auf einer «Fahrgeldnacherhebung» bestehen (immerhin kann er den Automatenfehler vom Zug aus kaum überprüfen), lässt sich so nachweisen, dass das Gerät kaputt war. Das Bußgeld wird dann erlassen.

Züge und Zeitnot   Vor Schaltern wie Automaten lange Schlangen, und nur noch zwei Minuten bis zur Abfahrt. Dann doch lieber ohne Ticket den Waggon besteigen, finden viele. Und tatsächlich empfiehlt sich genau solches: Denn grundsätzlich besteht die Möglichkeit, einen Fahrschein im Zug nachzulösen. Der Wunsch ist dem Zugbegleitpersonal lediglich unaufgefordert kundzutun. Das lässt sich auch vom Platz aus erledigen, der Schaffner muss nicht etwa zuvor aufgesucht werden. Allerdings erhebt die Deutsche Bahn in diesen Fällen einen sogenannten «Bordpreis», einen Aufschlag von zehn Prozent, der mindestens zwei, höchstens zehn Euro betragen kann. Und in vielen Nahverkehrzügen heißt es an den Waggontüren: «Einstieg nur mit gültigem Ticket». Dann scheidet die Nachlöseoption von vornherein aus.

Falsche Auskünfte und Irrwege im Tarifdschungel Wen ein Schaltermitarbeiter mit dem falschen Ticket auf den Weg geschickt hat, kann das Verkehrsunternehmen natürlich nicht kräftig zur Kasse bitten. Die Falschauskunft ist allerdings nachzuweisen, etwa durch Zeugen oder eine Notiz zum Namen des Mitarbeiters. Nicht selten geschieht es auch, dass gerade ortsfremde Kunden die verworrene Tariflogik von Beförderungsbetrieben nicht durchschauen und am Automaten die falsche Tastenkombination eingeben. Grundsätzlich obliegt es gleichwohl den Fahrgästen, sich über das korrekte Entgelt zu informieren. Was nicht viele wissen: Bei der Bahn spendieren Automaten sogenannte «Antrittsfahrscheine» gerade für diejenigen, die über den zu wählenden Tarif im Unklaren sind. Kostenpunkt: 15 Euro für Erwachsene, Kinder die Hälfte. Im Abteil rechnet der Schaffner die Zahlung auf den Fahrpreis an.

Fazit

Falsche Auskünfte oder defekte Automaten – wichtig ist, die misslichen Umstände nachweisen zu können. Wer unfreiwillig schwarz gefahren ist, sollte das erhöhte Beförderungsentgelt nicht an Ort und Stelle bezahlen, sondern sich den Bescheid nach Hause senden lassen. Und dann sorgfältig begründet Einspruch einlegen.

Übrigens: Ihre Personalien müssen Sie den Kontrolleuren gegenüber nicht angeben. Um eine Identitätsfeststellung durch Polizei oder Bundesgrenzschutz kommen Sie im Falle einer Weigerung allerdings nicht herum.

Verspätung: Geld zurück?

«Ob zu Lande, zu Wasser oder in der Luft – wenn einer eine Reise tut, dann kann er was erleben.» Soweit das Sprichwort. An dem gewiss was dran ist. Denn schon zu Lande lässt sich so einiges erleben. Doch nicht immer handelt es sich dabei um Erfreuliches, ganz im Gegenteil: Viele Bahn- oder Busreisende wissen von immer wiederkehrenden Widrigkeiten ein Liedchen zu singen.

Besonders häufig – und oft besonders ärgerlich: Verspätungen oder Ausfälle der öffentlichen Reisemittel. Ein kleiner Signaldefekt etwa kann schon gravierende Folgen haben. Die Waggons rollen vierzig Minuten zu spät in den Bahnhof ein, der Anschlusszug ist schon abgefahren, der Geschäfts- oder Bewerbungstermin geplatzt, der oder die Geliebte schon weg, der Frust in jedem Fall groß. Und diesem Luft zu machen noch immer nicht einfach. Denn Entschädigungen für den Verdruss sind keineswegs eine Selbstverständlichkeit.

Gesetzliche Regelungen finden sich für den Schienenverkehr weiterhin nur in der Eisenbahn-Verkehrsordnung von 1938. In § 17 heißt es dort unter der Überschrift «Verspätung und Ausfall von Zügen»: «Verspätung oder Ausfall eines Zuges begründen keinen Anspruch auf Entschädigung. Die Eisenbahn hat jedoch bei Ausfall oder verhinderter Weiterfahrt eines Zuges, soweit möglich, für die Weiterbeförderung der Reisenden zu sorgen.» Im Klartext: Um das Reiseziel mit der geringstmöglichen Verspätung zu erreichen, darf der Reisende ohne zusätzliche Zahlung einen anderen Zug nutzen (den es in den allermeisten Fällen schlicht nicht geben wird). Weitergehende Rechte räumt die Verordnung ihm nicht ein.

Für den Fernverkehr hat sich die Deutsche Bahn jedoch mittlerweile Selbstverpflichtungen auferlegt – dies nach Ansicht vieler Verbraucherschützer allerdings nur, um Regelungen des Gesetzgebers zu verhindern.

Gestrandeten immerhin bietet die sogenannte «Kundencharta Fernverkehr» wahre Hilfestellung. Wer sich wegen Zugausfalls oder -verspätung des nachts auf einem einsamen Bahnhof wiederfindet, dem steht die Charta wie folgt zur Seite: «Kann die Reise wegen Zugausfall, Zugverspätung oder Versäumnis des Anschlusszuges nicht bis 24 Uhr wie geplant mit einem anderen fahrplanmäßigen Verkehrsmittel fortgesetzt werden […], übernimmt die DB die Kosten für eine angemessene Übernachtung und die Benachrichtigung von Personen oder sofern preisgünstiger und zumutbar die Kosten für den Transfer mit einem anderen Verkehrsmittel (z. B. Taxi). Die Taxi- und Hotelgutscheine werden in einer Höhe von maximal 80 Euro vergeben.» Bis zu 80 Euro Entschädigung also.

Grundsätzlich gilt darüber hinaus für alle Bahnfahrer: Hat ein Fernverkehrszug der Deutschen Bahn mehr als 60 Minuten Verspätung, kann der Kunde Ersatz von 20% des Fahrkartenwertes verlangen.

Für den Nahverkehr hat die DB 2006 im nördlichsten Bundesland ein Pilotprojekt gestartet: Wer sich in Schleswig-Holstein länger als eine Stunde in Geduld fassen muss, bis der Regionalzug endlich eintrifft, erhält eine Entschädigung von 25% des Fahrkartenwertes; bei mehr als zwei Stunden Verspätung gibt es sogar 50% des Preises zurück. Für Zeitfahrkarten sind Pauschalbeträge festgesetzt. Alle Entschädigungen werden in Gutscheinform gewährt. In Bayern hat die Bahn 2007 entsprechende Regelungen eingeführt, die in den folgenden Jahren auf weitere Bundesländer ausgedehnt werden sollen, bis Bahnfahrer schließlich im gesamten bundesdeutschen Nahverkehr auf Entschädigungen hoffen können.

Für örtliche Busse, S-, U- und Straßenbahnen lassen sich die Rechte von Fahrgästen in zwei Wörtern zusammenfassen: Nicht vorhanden. Hier gilt gemäß der Verordnung über die Allgemeinen Beförderungsbedingungen für den Straßenbahn- und Obusverkehr sowie den Linienverkehr mit Kraftfahrzeugen immer noch strikt: «Abweichungen von Fahrplänen durch Verkehrsbehinderungen, Betriebsstörungen oder -unterbrechungen sowie Platzmangel begründen keine Ersatzansprüche; insoweit wird auch keine Gewähr für das Einhalten von Anschlüssen übernommen.» In der Praxis bieten viele örtliche Verkehrsbetriebe jedoch mittlerweile sogenannte Mobilitäts-, Service- oder Pünktlichkeitsgarantien. Wer länger als 20 Minuten an der Haltestelle steht, bekommt Gratisfahrscheine, Geld zurück oder gar Taxikosten ersetzt: Erkundigen Sie sich bei Ihrem Verkehrsverbund vor Ort!

Beschwerden rund um die Reise mit Zug und Bus (oder auch Schiff und Flugzeug) nimmt die Schlichtungsstelle Mobilität in Berlin entgegen: Schlichtungsstelle Mobilität, c/o Verkehrsclub Deutschland, Postfach 61 02 49, 10923 Berlin. Vom Verbraucherschutzministerium finanziert, soll sie zwischen Fahrgästen und Verkehrsunternehmen vermitteln. Beanstandungen von Beförderungsmängeln lassen sich dabei auch online auf der Seite «schlichtungsstelle-mobilitaet.org» ins Beschwerdeformular tippen.

> **Fazit**
>
> Gehörte das Wort «Fahrgastrecht» noch vor kurzem nicht in ihr Vokabular, so zeigen sich Bahn und örtliche Verkehrsbetriebe jetzt großzügiger. Und verteilen Gutscheine, Taxifahrten und andere Trostpflaster an diejenigen, die Geduld beweisen mussten.
> Wichtig dabei ist, die neuen Rechte auch geltend zu machen. Denn von alleine wird sich selten etwas tun.

Zweiräder: Mitfahren oder draußen bleiben?

Mit dem neuen Mountainbike die Höhen der Alpen erklimmen, mit dem Hollandrad Küstenlandschaften entdecken oder auf zwei Reifen den täglichen Weg zur Arbeit bewältigen: Um längere Strecken bis zu ihrem Ausgangspunkt zurückzulegen, vertrauen viele Radler auf öffentliche Verkehrsmittel, insbesondere die Bahn. Rad und Schiene – gleich zwei Fortbewegungsmittel, an denen sich die Umwelt besonders erfreut.

Und im Nahverkehr der Bahn stehen die Chancen, einen Fahrradplatz zu ergattern, durchaus gut. RegionalBahn und Regional-Express verfügen meist über ein eigenes Gepäckabteil, das ausreichend Raum bietet. Aufzuspüren ist der entsprechende Waggon mittels des an der Einstiegstür angebrachten Fahrradsymbols – für gewöhnlich befindet er sich am Beginn oder Ende des Zuges, damit kein anderer Fahrgast ihn passieren muss.

Verfügt der Zug dagegen nicht über ein eigenes Gepäckabteil (was bei S-Bahnen oft der Fall ist), können Fahrräder in den Einstiegsbereichen Platz finden – allerdings maximal zwei pro Einstieg. Zudem heißt es in diesen Zügen während der Hauptverkehrszeiten werktags zwischen 6:30 Uhr und 9:00 Uhr sowie zwischen 15:30 Uhr und 18 Uhr für Drahtesel meist: Wir müssen draußen bleiben.

Die Deutsche Bahn verlangt in Nahverkehrszügen für die Zweiradbeförderung grundsätzlich 3 Euro. Liebhaber von sogenannten «Sonderfahrrädern» wie Tandems, Liege- oder Dreirädern müssen zudem zwei Tickets lösen. Da kann es auf kurzen Strecken schon mal passieren, dass der Mensch auf 2,30 Euro, sein bereifter Begleiter aber auf 3 Euro für die Fahrt kommt. Für einige Bahnverbindungen gelten nicht die Preise der Deutschen Bahn, sondern diejenigen des jeweiligen Verkehrsverbunds. Auskunft gibt hierüber die Radfahrer-Hotline 01805/15 14 15 (14 ct/Min.). Auf bestimmten Strecken kann die Fahrradmitnahme sogar kostenlos sein.

Im Fernverkehr nehmen diejenigen Intercitys und InterRegios Räder mit, die im Fahrplan mit einem entsprechenden Hinweis gekennzeichnet sind. In ICEs ist die Mitnahme grundsätzlich verwehrt. Da die Platzzahl begrenzt ist, empfiehlt sich eine (kostenlose) Reservierung. Die Züge verfügen über einen speziellen Fahrradwaggon, in dem die Stellplätze durchnummeriert sind. Auch der Drahtesel darf sich also über ein eigenes Abteil und einen reservierten Stellplatz freuen – muss für diese Vorzüge allerdings auch den eigenen Fahrradbeförderungspreis berappen: Neun Euro ohne bzw. sechs Euro mit Bahncard. Detaillierte Informationen bietet der DB-Reiseplaner Bahn & Bike, der im Bahnhof oder in virtueller Form im Internet zu finden ist.

Für die örtlichen Busse schreibt die schon im vorangegangenen Kapitel angesprochene «Verordnung über die Allgemeinen Beförderungsbedingungen für den Straßenbahn- und Obusverkehr sowie den Linienverkehr mit Kraftfahrzeugen» vor: Ein Anspruch auf Beförderung von Sachen besteht nicht. Das Betriebspersonal entscheidet im Einzelfall, ob Sachen zur Beförderung zugelassen werden und an welcher Stelle sie unterzubringen sind. Das letzte Wort hat also der Busfahrer. Meist gilt aber, dass bei ausreichend vorhandenem Platz Fahrräder gegen Entgelt mitfahren dürfen. Kinderwagen und Rollstühle genießen freilich stets Vorrang. Die Preise variieren je nach Region, wobei sich in einigen Verkehrsverbünden für Fahrräder sogar Wochen-, Monats- oder -Jahreskarten erwerben lassen.

> **Fazit**
> «Einladen, einsteigen, losfahren und dort aussteigen, wo die Radtour beginnt» – so einfach, wie die Infobroschüre der Deutschen Bahn glauben machen möchte, verhält es sich keineswegs. Insbesondere wegen des Ausschlusses von ICE-Zügen lassen sich Rad und Schiene oftmals nicht in Einklang bringen. Denn ICEs verdrängen auf vielen Strecken die fahrradfreundlichen ICs und zwingen Radler so zu häufigem Umsteigen. Wer gar auf der Strecke zu bleiben droht, sollte sich nach Nahverkehrszügen umsehen.

Klassentausch – in der ersten sitzt's sich besser

Bequeme Sitze mit Armlehnen, großzügiger Sitzabstand, spezielle Bahnhofsschalter, kostenlose Zeitungen und Bedienung am Platz – die erste Klasse bietet einige Annehmlichkeiten. Wer sich diese gönnen will, muss allerdings recht tief in die Tasche greifen.

Die meisten Reisenden machen es sich daher in der zweiten Klasse bequem. Oder wagen zumindest immer wieder den Versuch. Denn von Bequemlichkeit kann dort allzu oft keine Rede sein, ganz im Gegenteil: Täglich setzen sich hoffnungslos überfüllte Züge in Bewegung. Brechend volle Waggons, in denen selbst auf dem Gang die Frage nach einem Sitzplatz kraftlos verneint wird – von dem ermatteten Mitfahrer, der sich gerade das letzte freie Plätzchen erkämpft hat. Überbelegte Abteile, in denen Schieben, Drängeln und Klettern zu den üblichen (und notwendigen) Mitteln gehören, um sich überhaupt noch fortzubewegen. In denen zwischen schwitzenden Menschen und sperrigem Gepäck die paar Quadratzentimeter Fläche aufmerksam verteidigt werden wollen, auf denen die eigenen beiden Füße kaum Platz finden.

Dass das 2.-Klasse-Ticket die Sitzgelegenheiten in den Waggons der ersten grundsätzlich nicht umfasst, ist jedem bewusst. Aber jetzt, in dieser Situation? Die die Vorzüge der ersten Klasse noch verlockender erscheinen lässt, paradiesisch geradezu?

Viele meinen, ob ihrer Platznot in die erste Klasse wechseln zu dürfen. Ein Irrtum, wie § 13 der Eisenbahnverordnung ganz explizit deutlich macht: Der Reisende hat Anspruch auf Beförderung in der Klasse, auf die sein Fahrausweis lautet. Ein Anspruch auf Unterbringung in der 1. Klasse bei Platzmangel in der 2. Klasse besteht nicht. Selbst noch so klaustrophobische Zustände in der zweiten Klasse erlauben also nicht, in die erste zu wechseln. Wer es mit dem Mut der Verzweiflung dennoch wagt, muss mit Ärger erster Klasse rechnen: Fällt er dem Schaffner auf, ist wegen Schwarzfahrens das berüchtigte «erhöhte Beförderungsentgelt» fällig.

Sogar dringendste Bedürfnisse rechtfertigen nichts anderes: Recht bekannt geworden ist der Fall von Herrn M. aus Essen, der mit einem Ticket für die zweite Klasse die Toilette der ersten betrat, da in den nächstgelegenen Waggons seiner Klasse alle WCs besetzt waren. Beim Verlassen des stillen Örtchens wurde er mit einem erhöhten Beförderungsentgelt bedacht. Zwar hat die Bahn dieses auf seinen Widerspruch hin teilweise zurückgezahlt; das geschah aber lediglich aus Kulanz.

Auch in der ersten Klasse jedoch herrscht nicht nur eitel Sonnenschein: Ist selbst dort keine Sitzgelegenheit mehr frei, muss auch der eigentlich erstklassig Reisende mit einem Stehplatz vorliebnehmen. Und er kann noch nicht einmal Genugtuung verlangen, wie sich ebenfalls in § 13 der Eisenbahnverordnung nachlesen lässt: «Der Reisende hat keinen Anspruch auf Entschädigung, wenn er keinen Sitzplatz findet und ihm keiner angewiesen werden kann.»

> **Fazit**
> Auch wenn es noch so verlockend erscheinen mag: Der Wechsel in die erste Klasse empfiehlt sich selbst bei heilloser Überbelegung der zweiten nicht. Dann lieber vorher den Zugbegleiter fragen und auf dessen Mitgefühl hoffen. So mancher soll schon mal beide Augen zugedrückt haben. Ansonsten bietet sich nur schwacher Trost: In einigen Nahverkehrszügen unterscheidet sich die erste Klasse von der zweiten ohnehin nur noch durch die Farbe der Sitze – und ist an so manchen Tagen ebenso überfüllt wie die zweite. Kein Grund also, sich dorthin zu wünschen.

Rund ums Restaurant

«Der Gast ist König!» heißt es in einem schönen alten Sprichwort. Beim Blick auf die eine oder andere Gaststube könnte man allerdings meinen, dass für Monarchen schlechte Zeiten angebrochen seien. Unfreundliche Bedienung, lauwarmes Essen und endlose Wartezeiten verleiden so manchem von ihnen den kulinarischen Genuss. Majestätisch kommt – insbesondere seit der Umstellung auf den Euro – oft nur noch die Rechnung daher.

Doch muss der Gast nicht alles schlucken:

Lässt man dessen Magen geraume Zeit knurren, so kann er die Rechnung herabsetzen. Der Letzte zahlt, anders als oft angenommen, nicht immer die Zeche. Und sind des Königs neue Kleider verschwunden, so muss der Gastwirt nicht selten für den Schaden aufkommen – trotz des Hinweises «Für Garderobe keine Haftung».

Auch ein Gast jedoch kann sich daneben benehmen. Wer einen Tisch reserviert und nicht erscheint, hat die Rechnung ohne den Wirt gemacht: Er muss unter Umständen Schadensersatz zahlen.

Geduldsproben an gedecktem Tisch

Es kommt vor, dass das bestellte Mahl recht lange auf sich warten lässt. Muss man sich das aber gefallen lassen? Oder kann stetig wachsender Appetit rechtliche Konsequenzen haben?

Diese Fragen haben schon mehrere Gerichte beschäftigt.[6]

Allzu langwierige Kochkunst, so haben sie entschieden, braucht der Restaurantbesucher nicht zu erdulden.

Eine 90-minütige Verspätung seiner Bestellung berechtigt ihn dazu, die Rechnung um 30% zu kürzen. Anders ist es nur, wenn ein Vier- oder Fünf-Gänge-Menü gereicht werden soll. Dann darf auch die Geduldsprobe sich in festlichem Rahmen halten, sprich: noch länger andauern.

Wer bloß seiner Getränke harrt, kann bereits früher handeln: Flüssiges darf nicht länger als 20 Minuten auf sich warten lassen. Verspätet es sich dennoch, so ist der Gast ebenfalls zu einer 30-prozentigen Minderung befugt.

Alternative für diejenigen, die die Geduld nicht zu den eigenen Tugenden zählen: Nach halbstündigem Aufenthalt und wenigstens einmaliger Frage nach der Bestellung kann die Lokalität guten Gewissens verlassen werden.

Doch kann nicht nur Essbares lange ausbleiben; Gleiches gilt für die Rechnung. Die Situation ist bekannt: Die Aufforderung «Zahlen, bitte!» findet – trotz mehrfacher Wiederholung – beim Kellner kein Gehör; ärgerlich besonders für diejenigen, die unter Zeitdruck stehen.

In solch misslicher Lage zum Ausgang zu eilen, ist verständlich, aber nicht anzuraten, setzt man sich so doch u. U. einem Ermittlungsverfahren wegen Betrugs aus. Speis und Trank wurden schließlich zuvor verzehrt und schlechter Service allein rechtfertigt keinen Verzicht auf Vergütung. Ebensowenig ratsam ist es, das Geld – wenn überhaupt passend vorhanden – auf dem Tisch zurückzulassen: Dort bekommt es allzu gerne «Beine».

Vorzugswürdige Möglichkeit ist der Weg zur Theke. Scheidet auch er aus, etwa weil der Tresen unbesetzt oder der Gang dorthin dem Gast verleidet ist, so gilt: Hat man dreimal in angemessenem Zeitabstand laut und deutlich die Rechnung erbeten, steht dem Aufbruch nichts im Wege. Allerdings sollten Name und Anschrift auf dem Tisch hinterlassen werden, damit der Wirt die Rechnung zusenden kann. Andernfalls droht, wie bereits erwähnt, die Einleitung eines Strafverfahrens.

Der Letzte zahlt die Zeche

Herr Meier aus K. trifft sich mit mehreren Freunden im «Athener Stübchen», der Anlaufstelle der örtlichen Griechisch-Gourmets. Es wird fürstlich getafelt, angeregt parliert und viel gelacht. Einige teure Flaschen «Mavrodaphni» runden die Gaumenfreuden ab.

Die ersten zahlen und wanken nach Hause, langsam leert sich der Raum, bis schließlich allein Herr Meier, über die Ortsgrenzen hinaus für seine Trinkfestigkeit bekannt, zurückbleibt. Ein letztes Schwätzchen mit dem Wirt, dann will auch er sich auf den Weg machen.

Seine hervorragende Laune hält an, bis der Kellner die Rechnung präsentiert: Neben den selbst genossenen Spirituosen sind einige Getränke offengeblieben, deren Namen er nicht einmal auszusprechen imstande ist. Was tun?

Herr Meier – oder wer auch immer in seine Situation geraten mag – wird sich wahrscheinlich fügen und missgestimmt die übrig gebliebenen Drinks begleichen.

Ist der tiefe Griff in die eigene Tasche jedoch tatsächlich nötig?

Die Antwort lautet ganz klar: Nein. Findet sich eine größere Gesellschaft zusammen, vermerkt die Bedienung Bestellungen meist auf einem einzigen Papier, um sich die Arbeit zu erleichtern. Jede Order dem jeweiligen Gast zuzuordnen ist mehr als umständlich – besonders wenn es im Laufe des Abends immer feucht-fröhlicher zugeht. Dennoch hat der Wirt, der nicht über Einzelrechnungen verfügt, schlechte Karten: Bleiben Rechnungsposten am Ende des Abends übrig, kann er von den verbliebenen Gästen deren Begleichung nicht verlangen. Jeder Einzelne muss nur das bezahlen, was er selbst konsumiert hat.

Der Nachweis, wer was verzehrt hat, obliegt nämlich allein dem Wirt. Die Vereinfachung, die gesamte Runde auf einem Zettel unterzubringen, kann ihn also teuer zu stehen kommen.

Gibt Herr Meier an, nur fünf Bier konsumiert zu haben, so muss er auch nur diese zahlen – egal, wie viele fremdländische Getränkenamen noch unbeglichen auf dem Block zu finden sind.

Will der Wirt auf Nummer sicher gehen, muss er für jeden Gast eine einzelne Rechnung anfertigen. Die zweite Möglichkeit besteht wohl nur für Kneipen: Die Bestellungen des Gastes auf dessen Bierdeckel zu notieren. Kaum zu glauben, aber wahr: Der Bierdeckel wird dadurch rechtlich gesehen zur «Urkunde», mit der auch vor Gericht Beweis erbracht werden kann.

Fazit

«Der Letzte zahlt die Zeche» ist ein Irrglaube. Zahlen muss man lediglich die eigenen Bestellungen. Deren Umfang hat der Wirt im Zweifelsfall nachzuweisen.

«Für Garderobe keine Haftung»

In den meisten Fällen sind Verköstigung und Service in Restaurant oder Gaststätte von guter Qualität. Das erklärt deren Beliebtheit. Doch auch nach opulentem, von aufmerksamer Bedienung gereichtem Mahl kann es zu unangenehmen Überraschungen kommen: Mantel oder Jacke, eingangs an der Garderobe aufgehängt, sind spurlos verschwunden.

Wendet sich der Gast in diesem Fall an den Wirt, wird dieser ihn meist auf vier unscheinbare Worte verweisen, die sich über nahezu jeder gewerblichen Kleiderablage finden:

Für Garderobe
keine Haftung

Schnell ist der Gast geneigt, an die haftungsausschließende Wirkung des Hinweises zu glauben, um sich sodann fröstelnd auf den Heimweg zu machen.

Richtig aber ist: Das Schild gilt in kaum einer Situation. Dessen Anschaffungskosten könnte sich der Wirt in den meisten Fällen sparen (es sei denn, er vertraut auf eine mögliche Rechtsunkenntnis seiner Gäste).

Für die Haftung bei Verlust von Garderobenstücken ist eine ganz andere Frage entscheidend, nämlich: Kann der Gast die Garderobe von seinem Tisch aus einsehen?

Je nachdem, wo sich die Kleiderablage befindet, lassen sich drei Fälle unterscheiden.

1. Garderobe für Gast nicht wahrnehmbar

Oft kann der Gast Jacke oder Mantel nur an Stellen aufhängen, die er vom Tisch aus nicht im Auge hat: Häufig ist es nur der Eingangsbereich, ein unbeaufsichtigter Nebenraum oder eine Nische, in der sich Mantel oder Jacke aufhängen lassen. In diesen Fällen ist der Wirt verpflichtet, auf die Garderobe zu achten. Das Hinweisschild, das das Gegenteil behauptet, entfaltet keinerlei Wirkung: Der Gastronom haftet vielmehr für einen Verlust.

2. Garderobe für Gast einsehbar

Anders sieht es aus, wenn der Gast von seinem Platz aus die eigene Oberbekleidung sehen kann. Dann ist er selbst dafür verantwortlich, dass sie ihm nicht abhanden kommt.

Auch in diesem Fall kommt dem Hinweisschild, dass für Garderobe nicht gehaftet werde, keine Bedeutung zu: Der Gast haftet völlig unabhängig davon, ob ein solches vorhanden ist oder nicht.

3. Wahl des Gastes, wo er die Garderobe aufhängt:

Die einzige Situation, in der der Satz «Für Garderobe keine Haftung» tatsächlich gilt, ist diese: Der Gast selbst kann entscheiden, ob er sie an abgelegener oder beobachtbarer Stelle unterbringt.

Hängt er sie an nicht einsehbarem Ort auf, kann der Wirt seine Haftung durch Anbringen eines Schildes vermeiden. Das lässt sich leicht nachvollziehen: Legt der Gast seine Sachen aus freien Stücken außerhalb seines Blickfelds ab, so hat er auch keinen besonderen Schutz verdient.

Das Schild muss allerdings gut sichtbar angebracht sein, ein winziges Format oder darüberhängende Kleidungsstücke machen den Haftungsausschluss wieder zunichte.

Übrigens: Auch bei Entgegennahme der Garderobe entgeht der Gastronom seiner Haftung durch ein Hinweisschild nicht. Besonders in feineren Lokalitäten nimmt das Personal den Gästen oft schon im Eingangsbereich die Oberbekleidung ab. Bei solchem Vorgehen könnte der Wirt seine Ersatzpflicht für den Verlustfall nur dadurch abwenden, dass er sie dem Gast gegenüber ausdrücklich ausschließt. Dies mag zwar bei Designerjacken und Nerzmänteln geraten sein, ist aber aus Gründen der Kundenorientierung kaum zu erwarten.

Fazit

Wer für den Verlust von Garderobe aufzukommen hat, hängt nur selten von den vier vertrauten Wörtern über der Garderobe ab.

Grundsätzlich entscheidend für die Ersatzpflicht ist vielmehr, ob sich Mäntel und Jacken im Sichtfeld des Gastes befinden oder nicht. Hat dieser sie im Auge, haftet er selbst; andernfalls der Wirt, egal, ob ein Schild aufgehängt ist oder nicht.

Allein wenn der Gast die Wahl hat, ob er seine Oberbekleidung inner- oder außerhalb seines Blickfelds aufhängen möchte, kann der Wirt seine Haftung durch den Hinweis abwenden.

«Reserviert für 20 Uhr»

Dem geplanten Restaurantbesuch kann so einiges dazwischenkommen: Schnee und Eis, Absagen aus der Runde, verpasste Verkehrsmittel – um nur einige Gründe zu nennen. Bisweilen geschieht es daher, dass der bereits bestellte Tisch ohne Abbestellung nicht in Anspruch genommen wird.

Anders als bei Hotelreservierungen oder Arztterminen sieht mancher darin ein bloßes «Kavaliersdelikt» – und wähnt sich auch praktisch in Sicherheit: Am Telefon hat der Restaurantbetreiber schließlich nur Namen und Anzahl der Gäste erfragt.

Wer sich in die Lage des Wirts versetzt, wird darüber anders denken: Dieser disponiert zeitnah Speisen und Getränke, er hält den Tisch frei, weist anderen Gästen womöglich die Tür.

Doch auch in rechtlicher Hinsicht hat die fehlende Abbestellung Folgen: Der Gaststätteninhaber kann von den ferngebliebenen Gästen Schadensersatz verlangen.

Dazu muss er jedoch nachweisen, dass ihm durch deren Ausbleiben überhaupt ein Schaden entstanden ist.

Bereits das Abweisen anderer Gäste kann einen solchen Schaden begründen. Sollte ein wahres Festmahl zelebriert werden, so kann der Schaden aber auch in den vergeblich eingekauften Speisen oder dem zusätzlich eingestellten Personal zu sehen sein.

In jedem Fall ist es Sache des Wirts, den (häufig schwierigen) Schadensnachweis zu führen. Hat er sich zudem wie üblich nur Name und Gästeanzahl notiert, ist auf Gästeseite wohl tatsächlich wenig zu befürchten.

«Fair play» macht dennoch Freude – und auch wer sich in der stets überfüllten Tapas-Bar weiterhin einen Platz sichern will, sollte den kurzen Griff zum Hörer nicht scheuen …

Fazit

Ebenso wie der verpasste Arzttermin kann die nicht abgesagte Tischreservierung im Restaurant zum Schadensersatz verpflichten. Für den Wirt wird es allerdings meist schwierig werden, die erforderlichen Nachweise zu führen.

Übrigens: In England sind bereits mehrere Restaurants, vom Ausbleiben angekündigter Gäste genervt, zu drastischeren Methoden übergegangen: Jedem ferngebliebenen Gast werden bis zu 30 Pfund Gebühren in Rechnung gestellt.

Für Genießer noch einige juristische Leckerbissen zum Dessert – serviert in aller Kürze:

Rotwein und Jeans … können bisweilen in unerwünschter Weise zusammenfinden. Schüttet der Kellner dem Gast versehentlich Getränke über die Kleidung, so muss der Gastronom die Reinigung bezahlen.

Unterläuft dagegen dem Gast ein Missgeschick, so müsste er für den Schaden – etwa das zerbrochene Glas – eigentlich aufkommen. Meist jedoch wird der Wirt aus Kulanz die Kosten übernehmen.

Waschzwang Manchmal geschieht es, dass der Gast im Lokal nicht das nötige Kleingeld dabei hat – und sei es auch nur aus Versehen. Manch einer befürchtet, dass der Wirt ihn dann zum Abwasch zwingen könnte.

Vom Gast zum Tellerwäscher also? Nein. Der nach Umkehr des amerikanischen Traums anmutende Abstieg wird Ihnen hierzulande nicht widerfahren. Kein Gast muss über fremder Spüle Pril zur Hand nehmen.

Die ggf. herbeigerufene Polizei kann jedoch die Identität des Gastes feststellen und – bei vorsätzlicher Weigerung zu zahlen – Ermittlungen wegen Betrugs aufnehmen.

Reine Geschmackssache War das Essen fade, fettig oder fantasielos? Wenn's nicht schmeckt, kann man nichts machen: Die Rechnung muss dennoch beglichen werden. Über Geschmack lässt sich bekanntlich streiten.

Anders ist es bei der sprichwörtlichen

Schnecke im Salat Deren Entdecker kann die Speise – und auch alle darauffolgenden – ablehnen. Nicht bestellte Fleischbeilagen muss niemand akzeptieren. Die bis zum Fund verzehrten Speisen müssen allerdings vergütet werden – damit ganz Raffinierte nicht auf die Idee kommen, den Nachtisch mit einem Kleintier zu garnieren (und dann gar nichts mehr zu zahlen).

Wiederum anders verhält es sich, wenn das Essen von vornherein ungenießbar ist – da verbrannt, völlig versalzen oder gar verdorben. Dann liegt ein sogenannter Sachmangel vor, der den Gast berechtigt, das Gericht zurückzugeben.

Man sollte sich aber gleich nach dem ersten Bissen beschweren; ist das Mahl erst verzehrt, lässt sich der Nachweis nämlich nicht mehr führen …

Rund ums Feiern

Party in den eigenen vier Wänden: Des einen Freud …

«Was in unserer Zeit immer schlimmer geworden ist und was mich stört, ist der Lärm, das Laute. Ich bin ein Anhänger der Stille. Ich finde, die Stille ist etwas Wunderbares», erklärte Heinz Rühmann einst. Und Nacht für Nacht spalten sich Teile der Bevölkerung irgendwo zwischen Bodensee und Flensburg immer wieder in zwei Lager: in diejenigen, die mit dem Schauspieler einer Meinung sind, und die, die genau das Gegenteil empfinden. Die neueste High-End-Stereoanlage mit Subwoofer und Dolby-Surround-System, E-Gitarren- oder Elektroklänge, Gäste, die aus voller Kehle mitsingen und tanzen, dass der Fußboden erzittert – gerade der jüngeren Generation können späte Sausen kaum ausdauernd und geräuschvoll genug zugehen.

Viele meinen, es sei erlaubt, mindestens einmal im Monat die eigene Wohnung in eine Partyhölle zu verwandeln, und zwar so vernehmbar wie eben erwünscht und bis in die frühen Morgenstunden. Der Blick ins Immissionsschutzgesetz des jeweiligen Bundeslandes belehrt eines Besseren: Von 22 Uhr abends bis morgens um sechs herrscht Nachtruhe, und diese zu stören ist das ganze Jahr über verboten, selbst zu Fasching, Hochzeiten oder Geburtstagen. Ab 22 Uhr gilt die Grundregel: Zimmerlautstärke einhalten. HiFi-Turm, Bundesligakampfgesang oder Disko-Fox-Schritte dürfen nur so laut sein, dass sie Wohnnachbarn nicht belästigen.

Im Fall ausufernder Geselligkeiten sofort die Polizei zu rufen, ist wohl nicht die feine Art, selbige still zu erdulden aber auch nicht nötig. Bewährt hat sich für die nachtruheliebende Fraktion, den andersdenkenden Nachbarn zunächst selbst um weniger Krach zu ersuchen. Ist und bleibt der Lärm dennoch unerträglich, führt wohl kein Weg an den berufsmäßigen Gesetzeshütern vorbei: Wird die Polizei eingeschaltet, ermahnt sie den Störenfried – und macht ihn meist mit der Vorschrift des § 117 OWiG bekannt. Darin heißt es: Ordnungswidrig handelt, wer ohne berechtigten Anlass oder in einem unzulässigen oder nach den Umständen vermeidbaren Ausmaß Lärm erregt, der geeignet ist, die Allgemeinheit oder die Nachbarschaft erheblich zu belästigen oder die Gesundheit eines anderen zu schädigen. Die Ordnungswidrigkeit kann mit einer Geldbuße bis zu fünftausend Euro geahndet werden. Es droht also finanzielles Ungemach. Und nach den Polizeigesetzen der Länder dürfen die Beamten noch einiges mehr: die Personalien der anwesenden Personen feststellen, Platzverweise für diejenigen aussprechen, die nicht in der Wohnung wohnen, den Wohnungsinhaber in Gewahrsam nehmen und die Musikanlage verplomben oder mitnehmen, sprich: die Party auflösen. Und die neue High-End-Stereoanlage mit Subwoofer und Dolby-Surround-System, der der Jahresurlaub zum Opfer gefallen ist, aus der Wohnung verschwinden zu sehen, hat schon manchem Fetenfan die Tränen in die Augen getrieben. Dazu wird es allerdings nicht sofort kommen: Kann der Wohnungsinhaber für Ruhe sorgen, dürfen auch die Gendarmen nicht zu solch drastischen Maßnahmen greifen.

Durch ständige späte Spektakel gestörte Mieter können darüber hinaus auch den Vermieter auffordern, in seinem Gebäude für Ruhe zu sorgen – und ihn mit der Ankündigung einer Mietminderung zum Einschreiten inspirieren. Der Vermieter wiederum kann den Unruhestifter abmahnen und bei fortdauernden Störungen ggf. sogar kündigen.

Silvester – böllern ab und bis wann?

In seinen Tagebüchern vermerkte Leo Tolstoi am 1. 1. 1854 knapp: «Die Jahreswende mit Briefschreiben verbracht und dann gebetet.» Solches käme heutzutage und hierzulande wohl wenigen in den Sinn: Schließlich will das alte Jahr verabschiedet, das neue begrüßt und der eine oder andere böse Geist vertrieben werden. Möglichst geräuschvoll und farbenfroh soll es also zugehen – für beide Zwecke eignet sich kaum etwas besser als Feuerwerkskörper.

Deren Arten gibt es zwei: Die vom Bundesamt für Materialforschung (BAM) geprüften und die sonstigen, etwa im Ausland erhältlichen oder selbst kreierten.

Geprüfte Böller Die vom Bundesamt geprüften Böller sind mit einem Zulassungszeichen versehen; sie lassen sich wiederum in zwei Klassen unterteilen: I und II.

Feuerwerkskörper der Klasse I sind etwa Wunderkerzen oder Tischfeuerwerk. Sie dürfen bereits ab einem Alter von zwölf Jahren verwendet werden. Kleine Feuerteufel, Brandstifter, Pyromanen und Hobbyzündler können sich zudem das ganze Jahr lang mit ihnen vergnügen: Eine zeitliche Beschränkung gibt es für die Klasse I nicht.

Das sieht bei Feuerwerkskörpern der Klasse II – etwa China-Böllern oder Raketen – ganz anders aus: Zum einen ist es nur Volljährigen erlaubt, sie zur Hand zu nehmen; zum anderen bestimmt die erste Verordnung zum Sprengstoffgesetz: «Pyrotechnische Gegenstände der Klasse II dürfen in der Zeit vom 2. Januar bis zum 30. Dezember nicht verwendet werden.» Den groß gewordenen Feuerteufeln, Brandstiftern, Pyromanen und Hobbyzündlern verbietet die Verordnung also für 363 Tage im Jahr ihr Lieblingsspielzeug. Und es kommt noch dicker: Für die beiden verbliebenen Tage – 31. 12. und 1. 1. – können Städte und Gemeinden die sinnenfrohe Zeit weiter einschränken. Wer also wenigstens zwei volle Tage seiner Passion nachgehen möchte, dem empfiehlt sich ein Anruf beim Rathaus. Ist das lautstarke Spektakel vor Ort auf eine Minimalfrist reduziert, hilft wohl nur eins: Ausweichen – und andernorts böllern, bis die Luft brennt.

Nicht geprüfte Böller Die Feuerwerkskörper der Klasse II lassen sich im Einzelhandel erwerben; erlaubt ist der Verkauf in der Zeit vom 29. 12. bis zum 31. 12. So manchem jedoch genügt deren Feuerkraft nicht: Eigenkreationen, Signalraketen aus alten NVA-Beständen oder ausländische Produkte finden zur Jahreswende immer wieder den Weg in die Luft. Wer diese besonders gefährlichen Feuerwerkskörper verwendet, sollte bedenken: Für Schäden haftet nur derjenige, der mit ihnen hantiert; der Schutz sämtlicher Versicherungen erlischt automatisch. Und wer nicht zugelassenes Feuerwerk ohne Erlaubnis über die Grenze nach Deutschland transportiert, muss obendrein mit Geld- oder Freiheitsstrafe bis zu drei Jahren rechnen. Mögen Preis und Lautstärke also noch so verlockend erscheinen: Sicherheit geht vor.

Die meisten Unfälle ereignen sich übrigens dort, wo alkoholisiert geböllert wird. Bedenken Sie also: Als Startrampe für Raketen eignen sich Weinflaschen ebensogut wie jede Whiskybuddel.

Fazit

Nur für Böller der Klasse I heißt es das ganze Jahr: Feuer frei. Feuerwerkskörper der Klasse II dürfen nur am 31.12. und 1.1. gezündet werden; und das vielerorts nicht einmal ganztätig. Opa Fritz' 90. Geburtstag Mitte August muss also auf andere Art lautmalerisch begleitet werden. Doch selbst wenn es erlaubt ist: Am Neujahrsmorgen um 6.00 Uhr unter Nachbars Schlafzimmerfenster einen Kanonenschlag zu zünden, ist nicht die feine Art – und trägt selten zu einem liebenswürdigen Umfeld bei.

Und wem das Ganze ohnehin zu unruhig ist, dem bietet sich mit Tolstoi eine Alternative: Briefeschreiben und Beten.

Gesichtskontrolle an der Discotür

«Alles schon voll!» bekommt der Gast vom Türsteher knapp Bescheid. Und fragt sich, warum der Koloss im selben Moment für eine Gruppe kichernder Teeniemädchen Platz macht. Überfüllung also kann der Grund nicht sein – vielleicht eher der dunkle Teint der eigenen Haut? Allabendlicher Alltag für arabisch, kurdisch, türkisch aussehende Jugendliche – und eben solche, deren Hautfarbe von westeuropäischer Norm abweicht: Wen es unter ihnen im Tanzbein juckt, kann davon ausgehen, allenfalls in einigen wenigen Diskotheken überhaupt Einlass zu finden.

Begründet wird die Abfuhr vor der Tür immer wieder gerne mit Kleiderordnungen, allgemeinen Ausweiskontrollen, Überfüllung oder dem «Hausrecht» des Tanzpalastbetreibers, der sich seine Gäste aussuchen, den einen hereinlassen, den anderen abweisen dürfe.

Doch sieht die Rechtslage anders aus. Zwar gilt unter Bürgern das Prinzip der Vertragsfreiheit, d. h. grundsätzlich kann jeder wählen, mit wem er in geschäftliche Beziehungen zu treten gedenkt. Und zu diesen geschäftlichen Beziehungen gehört eben auch der Einlass in eine Diskothek. Doch findet die Vertragsfreiheit ihre Grenzen in sittenwidrigem Verhalten und dem Rechtsgrundsatz von «Treu und Glauben». Gegen diese aber verstößt es, Gäste aufgrund ausländischer Herkunft oder Erscheinung abzuweisen.

Mittlerweile hat der Gesetzgeber mit dem Allgemeinen Gleichbehandlungsgesetz (AGG) gerade auch dieser Praxis einen ausdrücklichen Riegel vorgeschoben. Ziel des viel diskutierten Gesetzes ist, jeglicher Form von Diskriminierung vorzubeugen. In § 19 AGG heißt es sinngemäß: Die Benachteiligung wegen Rasse oder ethnischer Herkunft, Geschlecht, Alter oder sexueller Identität ist bei Rechtsgeschäften unzulässig, die typischerweise ohne Ansehen der Person zu vergleichbaren Bedingungen in einer Vielzahl von Fällen zustande kommen. Um solche «Massengeschäfte» handelt es sich bei Tanzveranstaltungen ebenso wie etwa bei jeder Bewirtung im Restaurant oder Beherbergung im Hotel. Eine Benachteiligung an der Diskotür aufgrund ausländischen Aussehens, dunkler Hautfarbe oder Homosexualität ist demnach verboten. Wer sie dennoch erlebt, kann auf Unterlassung, Schadensersatz oder Schmerzensgeld klagen. Und dabei im Prozess auf Beweiserleichterungen zurückgreifen. Kann er Indizien einer Diskriminierung nachweisen (wie etwa die Tatsache, dass andere Gäste trotz angeblicher Überfüllung Einlass fanden), so ist der Diskothekeninhaber in der Pflicht, das Gegenteil zu belegen.

Das neue Gleichbehandlungsgesetz verfolgt jedoch nicht das Ziel, sämtliche Türsteher arbeitslos zu machen. Solange keine Diskriminierung vorliegt, dürfen sie ihren althergebrachten Aufgaben mit traditioneller Tatkraft nachgehen: Sturzbetrunkene oder Randalierer müssen nach wie vor mit verschlossenen Türen oder Hausverboten rechnen. Auch ist etwa ein Turnschuhverbot in der Hausordnung weiterhin erlaubt. Und wer in der Diskothek Halbwüchsigen Hochprozentiges verweigert, muss ebenso keine Klage wegen Ungleichbehandlung verschiedener Altersstufen fürchten: Schließlich gibt das Jugendschutzgesetz dies ja gerade vor.

Fazit

So mancher Diskothekenbetreiber wird seine Einlasspolitik überdenken müssen. Dann nämlich, wenn seine Türsteher Gästen etwa aufgrund von Herkunft oder sexueller Orientierung den Eintritt verweigern. Setzt sich solches fort, können diese auf Unterlassung, Schadensersatz und Schmerzensgeld klagen.

Rund ums Rauchen

Das neue Rauchverbot

Gründe, die gegen das Rauchen in der Öffentlichkeit sprechen, braucht niemand lange zu suchen: Schutz von Nichtrauchern vor den Risiken des Passivrauchens, Vorsorge vor Brandgefahr, Verkehrssicherheit bis hin zur Vermeidung von Verschmutzungen. So drastische Maßnahmen wie dem Herzog von Lüneburg im Jahre 1692 kämen heutzutage wohl selbst fanatischsten Antirauchern nicht in den Sinn: Er stellte das Rauchen unter Todesstrafe. Doch auch gegenwärtig erhitzt die Debatte um Rauchverbote immer wieder die Gemüter.

U-Bahnstationen, Tankstellen, Geschäfte In U-Bahnstationen und Tankstellen gelten schon lange Rauchverbote, und zwar aus gutem Grund: Die Brand-, Explosions- oder Feuergefahr ist hier besonders hoch. Und auch in Geschäften ist der Griff zur Zigarette seit jeher unerwünscht: Der frische Hering aus der Auslage schmeckt, nach kaltem Tabak riechend, eben nur noch halb so gut.

Öffentliche Verkehrsmittel «Raucherbereich – Smoking Area» – die von Glimmstängelfreunden oft hektisch aufgesuchten Flächen machen sich im öffentlichen Verkehrsmittelraum immer rarer. Allein auf den Bahnsteigen von 330 größeren Fernverkehrsstationen werden noch Raucherinseln zu finden sein. Ansonsten gilt jetzt neben den Regionalzügen auch für ICE und Intercitys: Rauchen verboten. In Bussen und S-Bahnen besitzt dieser Grundsatz ohnehin schon länger Gültigkeit. Und auch über den Wolken ist die Freiheit nicht grenzenlos: Nahezu alle Fluggesellschaften sind mittlerweile dazu übergegangen, die Passagierabteile qualmfrei zu halten.

Arbeitsplatz Für den Arbeitsplatz trifft die Arbeitsstättenverordnung zum Nichtraucherschutz folgende Regelung: «Der Arbeitgeber hat die erforderlichen Maßnahmen zu treffen, damit die nicht rauchenden Beschäftigten in Arbeitsstätten wirksam vor den Gesundheitsgefahren durch Tabakrauch geschützt sind.» Konsequenz: Jeder Mitarbeiter kann einen rauchfreien Arbeitsplatz beanspruchen. Was den Arbeitgeber jedoch nicht an der Möglichkeit hindert, spezielle Raucherräume einzurichten.

Seit September 2007 ist die Zigarette auch in allen Behörden und Dienststellen des Bundes unerwünscht. Selbst Bundestagsabgeordnete müssen bei Verstößen gegen das Rauchverbot mit einem Bußgeld rechnen. Auf Immunität kann sich dabei kein Parlamentarier berufen. Außenbereiche der Gebäude oder spezielle Räumlichkeiten dürfen jedoch als Raucherzonen ausgewiesen werden.

Gastronomie Bis zuletzt besonders hart umfochten: das Rauchverbot in Gaststätten. Der Griff zur Zigarette nach dem Essen oder über einem kühlen Bierchen – für viele Ausdruck von Lebensgenuss. Und selbst mancher Nichtraucher sieht sich durch Rauchverbote in der Gastronomie entmündigt: Es könne doch jeder selbst entscheiden, ob er eine rauchfreie oder rauchfreundliche Lokalität besuchen wolle. Nicht wenige Wirte schließlich fürchten um Kundschaft und Gewinn. Und um den lieben Frieden in der Nachbarschaft, wenn sich Gäste zu vorgerückter Stunde vor die Tür begeben, um sich eine Zigarette zu genehmigen. Nichtsdestotrotz haben sich die Bundesländer nach zähen Verhandlungen durchgerungen, auch für Kneipen, Restaurants und Cafés ein Rauchverbot zu verhängen. Mit Ausnahmen allerdings: In vielen Bundesländern können Wirte abgetrennte Nebenräume einrichten, in denen nach wie vor gequalmt werden darf, solange dort kein Nichtraucher unfreiwillig mitpaffen muss.

Zigarette am Steuer Was bleibt einem Raucher noch? Der kleine Freiraum zwischen den geliebten vier Rädern? Selbst der ist mittlerweile in Gefahr geraten. In der Rechtsprechung schon länger als «Leichtsinn» gebrandmarkt, da beide Hände sich beim Rauchen nur selten mit dem Steuer beschäftigten, mehren sich auch im Bundestag die Stimmen, die sich für ein Rauchverbot am Lenkrad aussprechen. Pure Utopie? Kaum. In Belgien existiert bereits eine entsprechende Regelung.

Fazit

«Toleranz kann man von Rauchern lernen: Noch nie hat sich ein Raucher über einen Nichtraucher beschwert», wusste der ehemalige italienische Staatspräsident Alessandro Pertini.

Mit der Toleranz der Nichtraucher ist es dagegen tatsächlich nicht mehr weit her. Und sie haben, beflügelt von medizinischen Horrormeldungen, mittlerweile ihre eigene Lobby, die sich immer mehr durchsetzt. Weltweit. Bis vielleicht irgendwann nur noch die eigenen vier Wände verschont bleiben werden.

Glimmstängelverkauf an Minderjährige

Fluppen, Kippen, Lullen, Ziggis und Zippen – sie alle erfreuen sich unter Jugendlichen nach wie vor beständiger Beliebtheit. Auf 13,8 Lenze bringt es durchschnittlich, wer sich den Griff nach ihnen zum ersten Mal erlaubt. Untersuchungen aber bestätigen immer wieder: Je länger ein Jugendlicher keine Zigarette zur Hand nimmt, desto größer die Chance auf ein rauchfreies Leben. Als Erwachsener fängt kaum noch jemand an. Entsprechend vielfältig sind die Versuche, speziell Jugendliche vom Rauchen fernzuhalten.

Beliebte Mittel sind Zigarettenwerbeverbote (etwa im Kino vor 18 Uhr) und Rauchverbote in Schulen oder Diskotheken. Gerade Verbote jedoch – das kennt jeder aus eigenen Jugendtagen – inspirieren eher dazu, das Verbotene zu wagen. Und hat der Teenager schon mit dem Rauchen begonnen, wird kein Verbot ihn zum Aufhören bewegen. Eher schon das magere Taschengeld oder die Tatsache, dass beim Hundertmeterlauf ungewohnt früh die Luft wegbleibt. Besser als Verbote also: Von vornherein verhindern, dass Glimmstängel in halbwüchsige Hände fallen.

Dieses Ziel verfolgt der Gesetzgeber mit § 10 des Jugendschutzgesetzes: Danach dürfen weder in Gaststätten, Verkaufsstellen noch sonst in der Öffentlichkeit Tabakwaren an Kinder oder Jugendliche unter 16 Jahren abgegeben werden. Ab Januar 2009 wird die Grenze gar auf 18 Jahre angehoben. Handeln Tante-Emma-Laden, Supermarkt oder der väterliche Kumpeltyp dem Verbot zuwider, so begehen sie eine Ordnungswidrigkeit. Gelangt solches wiederum zu Ohren der zuständigen Behörde, so kann diese ein Bußgeld bis zu 50 000 Euro verhängen. Und in Jugendschutzfragen sind die Ämter nicht gerade als zimperlich bekannt …

Dieser Weg zum oft lebenslangen Nikotinkonsum sollte Heranwachsenden also versagt bleiben. Wie aber sieht es mit dem Zigarettenautomaten an Straßenecke oder Restauranteingang aus – leichte Beute für pubertäre Qualmgelüste? Auch hier hat das Jugendschutzgesetz ein Wörtchen mitzureden: Tabakautomaten dürfen nur an einem Kindern und Jugendlichen unzugänglichen Ort aufgestellt sein – oder technische Vorrichtungen müssen verhindern, dass Kinder und Jugendliche an die Zigaretten herankommen. In Table-Dance-Bars oder Gewinnspielhöllen dürfen sich Nikotinspender also unbehelligt auch in alter Form tummeln. Alle anderen müssen technisch aufgerüstet sein. Wer sich gewöhnlich an der Straßenecke seine Schachtel zieht, wird es schon bemerkt haben: Es ist nur noch mit einer Chip-Geldkarte möglich, die sich bei der Bank aufladen lässt. Münzen lassen sich dem Apparat nicht mehr einflößen. Auf der Chipkarte ist das Geburtsdatum des Karteninhabers verschlüsselt gespeichert. Wer also in zu zartem Alter an ihn herantritt, den fertigt der Automat lapidar ab: «Verkauf leider nicht möglich.»

Fazit
Verkäufer oder volljährige Verbündete müssen mit drastischen Bußgeldern rechnen, wenn sie Zigaretten an Jugendliche abgeben. Und auch auf mechanische Gönner ist kein Verlass mehr:
Denn am Automaten gibt es die Glimmstängel – anders als lange Jahrzehnte zuvor – nur noch à la carte.

Zigarettenwerbung unerlaubt

Unberührte Natur, wilde Schönheit von Berglandschaft und heißblütigen Pferden, Lagerfeuer, Lasso ... und die Zigarette im Mundwinkel: Der Marlboro-Cowboy und seine stimmungsvolle Umgebung sind zu weltweiten Berühmtheiten geworden. «West» setzte auf gegensätzliche Typen, die sich in einem Punkt völlig einig waren: der Zigarettenmarke. Und Gauloise schickte den legeren Franzosen ins Rennen, der sich auch im Schlafanzug fürs Gassigehen nicht zu schade war.

Von ihnen allen muss der Konsument sich jetzt weitgehend verabschieden. Denn die Tabakwerbung in Zeitungen, Zeitschriften und Internet ist seit 2007 verboten. Lange hatte sich die Bundesregierung gegen die Umsetzung der entsprechenden EU-Richtlinie gewehrt. Selbst vor den Europäischen Gerichtshof war sie gezogen, angefeuert von Zeitschriftenverlagen und Einzelhandelsverbänden, die um Werbeeinnahmen, Umsatz oder Arbeitsplätze fürchteten.

Nachdem die Richter die Klage abgewiesen haben, gilt jetzt auch hierzulande das weitgehende Verbot von Tabakwerbung. Selbst das Sponsoring von Formel-1-Rennen oder sonstigen Sportveranstaltungen ist mitumfasst. Damit sind der Tabakindustrie mittlerweile nahezu alle klassischen Werbefelder verschlossen. Denn Radio- und Fernsehwerbung für Zigaretten sind in der Bundesrepublik schon seit 1975 untersagt. Damals hatte sich die Tabakwirtschaft noch freiwillig Selbstbeschränkungen auferlegt und so, wie viele meinen, erfolgreich weitergehende Verbote verzögert. So versagte sie sich selbst Kampagnen, die Jugendliche angesprochen hätten: Darsteller durften weder jünger als 30 Jahre noch prominent sein, jugendtypische Schauplätze wie Schule oder Diskothek nicht abgebildet, Pubertätsvokabular nicht verwendet werden.

Nun ist es doch passiert, Raucherreklame nahezu vollständig unerlaubt. Was nicht bedeutete, dass dem Zigarettengewerbe nicht bereits Auswege eingefallen wären: Sponsoring-Verbote etwa lassen sich dadurch umgehen, dass die Optik von Rennwagen den bekannten Zigarettenmarken angeglichen wird – «Go!!!» in weißer Schrift auf blauem Grund beispielsweise repräsentiert Gauloise. Oder man macht eben Reklame für Streichhölzer und Feuerzeuge mit dem Markennamen des Zigarettenherstellers. Und notfalls muss eben versucht werden, aufs Fernsehprogramm Einfluss zu nehmen: Denn Clint Eastwood, James Dean oder Humphrey Bogart, die Zigarette lässig im Mundwinkel, eignen sich ohnehin seit jeher am allerbesten als Werbeträger. Weiterhin erlaubt ist im Übrigen die altbekannte Kino-Zigarettenwerbung. Lediglich vor 18 Uhr dürfen laut Jugendschutzgesetz keine Glimmstängel-Lobhudeleien über die Leinwand laufen. Wer sich also nochmal nach Wild-West-Romantik im Marlboro-Stil sehnt, dem empfiehlt sich ein abendlicher Besuch im Filmtheater.

Fazit

Hörfunk und Fernsehen haben Gesellschaft bekommen: In Magazinen, Tageszeitungen oder auf Webseiten ist die Zigarettenwerbung jetzt ebenso untersagt. Aus den Medien dürften Raucher höchstens noch erfahren, wie gesundheitsschädlich ihr Tun ist. Und wer dagegen nicht immun ist, der mag es mit Robert Lembke halten: «Man liest so viel über die Gefahren des Rauchens. Ich glaube, ich gebe jetzt das Lesen auf.»

Haschischkonsum: Aufbewahren, Weiterreichen, Autofahren?

Circa 150 000 Ermittlungsverfahren in Sachen Cannabis erlebt die Bundesrepublik mittlerweile jährlich – 1990 waren es noch etwa 50 000 im Jahr. Volkssport Kiffen? Die Diskussionen um die Legalisierung weicher Drogen sind leiser geworden, doch entzweien Haschisch, Marihuana und andere Cannabis-Produkte weiterhin die Gemüter. Auf der einen Seite deren grimmige Gegner, auf der anderen diejenigen, die Cannabis für weit ungefährlicher als etwa Alkohol oder Zigaretten halten. Sowie eine ganze Industrie, die sich auf die immer größer werdende Zielgruppe spezialisiert hat und sie mit allem erdenklichen Zubehör versorgt: Wasserpfeifen, spezielle Jointblättchen, Hanfsamen und andere Utensilien darf sie legal an die Freunde des berauschten Alltags veräußern.

Für diese selbst ist die Rechtslage dagegen alles andere als eindeutig. Dass der Handel mit Haschisch strafbar ist, dürfte jedem bekannt sein; wie jedoch verhält es sich mit dem Besitz, der Weitergabe in der Kifferrunde oder Cannabis am Steuer?

Aufbewahren Den Besitz auch sogenannter weicher Drogen regelt das Betäubungsmittelgesetz – das ihn in § 29 Absatz 1 Nr. 3 grundsätzlich unter Strafe stellt: «Mit Freiheitsstrafe bis zu fünf Jahren oder mit Geldstrafe wird bestraft, wer Betäubungsmittel besitzt, ohne zugleich im Besitz einer schriftlichen Erlaubnis für den Erwerb zu sein.» Prinzipiell also strafrechtliche Sanktionen; es kann jedoch (und wird meist) von Strafe abgesehen werden, wenn der erwischte Kiffer lediglich eine sogenannte «geringe Menge» Cannabis besitzt. Wann von einer solchen allerdings die Rede sein kann, dazu schweigt das Betäubungsmittelgesetz. Die Festlegung blieb den einzelnen Bundesländern überlassen, die sich (immerhin) auf mittlerweile nur noch drei unterschiedliche Grenzwerte geeinigt haben. Zeigen sich Niedersachsen, Berlin und Bremen mit einer Grenze von 15 Gramm besonders liberal, so muss im rigidesten Bundesland Mecklenburg-Vorpommern bereits ab fünf Gramm mit Verfolgung gerechnet werden. Alle übrigen Länder sehen sechs

Gramm als Grenzwert der «geringen Menge» an. Kommt also etwa in der Hauptstadt noch ungeschoren davon, wer zehn Gramm Haschisch in der Tasche verwahrt, muss sein Gesinnungsgenosse in Schwerin oder Rostock angesichts derselben Menge nicht unwesentliches Ungemach fürchten. Wichtig zu wissen: Die Festlegungen der Bundesländer sind bloße Richtwerte, an die kein Richter oder Staatsanwalt gebunden ist; einen Anspruch auf Straffreiheit hat niemand. Gerade wer wiederholt mit Drogen in «geringer Menge» auffällt, muss auf Geldstrafen oder etwa die Verpflichtung zu sozialer Arbeit gefasst sein.

Weiterreichen Jedem Strafverteidiger ein Graus, jeder Kifferrunde ein Ritual: das Weiterreichen des Joints an den Nebenmann, bis der Kreis sich wieder schließt. Dem Laien ein Gräuel, dem Juristen eine Wonne: die spitzfindige Beantwortung der Frage, wer sich wann strafbar macht. Ausgangspunkt: derjenige, der das Gras mitbringt und die «Tüte» baut. Reicht er nach Fertigstellung des kleinen Kunstwerks den Joint weiter, macht er sich gemäß § 29 Absatz 1 Nr. 6 b des Betäubungsmittelgesetzes strafbar: «Mit Freiheitsstrafe bis zu fünf Jahren oder mit Geldstrafe wird bestraft, wer Betäubungsmittel verabreicht oder zum unmittelbaren Verbrauch überlässt.» Der Zug des Nachbarn am Joint ist als bloßer Eigenkonsum grundsätzlich straflos; erst wenn dieser die Tüte wiederum weiterreicht, macht er sich ebenfalls wegen Verbrauchsüberlassung strafbar. Legt er sie dagegen im Aschenbecher in der Mitte des Tisches ab, so bleibt sein gesamtes Verhalten sanktionslos. Entnimmt nun ein Dritter den Joint dem Ascher, so ist dessen Eigenkonsum wiederum straffrei. Gleiches gilt für die Rückgabe an den ursprünglichen Besitzer, denn dieser hat juristisch betrachtet seinen Besitz während des gesamten Vorgangs nicht verloren. Der Konsumentenkreis wird durch die Rückgabe also nicht erweitert. Eine ganze Reihe juristischer Subtilitäten also ...

Autofahren § 316 des Strafgesetzbuchs ist bereits aus dem Kapitel über Alkohol am Steuer bekannt: «Wer im Verkehr ein Fahrzeug führt, obwohl er infolge des Genusses alkoholischer Getränke oder anderer berauschender Mittel nicht in der Lage ist, das Fahrzeug sicher zu führen, wird mit Freiheitsstrafe bis zu einem Jahr oder mit Geldstrafe bestraft.» Unter den sogenannten «anderen berauschenden Mitteln» findet sich – man ahnt es schon – auch das Cannabis wieder. Wissenschaftliche Untersuchungen haben ergeben, dass Haschisch und Marihuana das Gleichgewicht stören sowie die Sehfähigkeit beeinflussen und damit auch die Verkehrstüchtigkeit beeinträchtigen. Der Cannabiswirkstoff Tetrahydrochlorid (THC) lässt sich durch Blutproben nachweisen. Wem hinter dem Steuer mindestens ein Nanogramm THC pro Milliliter Blut durch die Adern fließt, dessen Führerschein wird seinen ehemaligen Besitzer so schnell nicht wiedersehen.

Fazit

Dope, Shit, Gras, Haschisch, Marihuana: Ein «Recht auf Rausch», wie früher einmal gefordert, gibt es nicht – das scharfe Schwert des Strafrechts lauert allenthalben. High hinters Steuer ist keine gute Idee; auch in der Kifferrunde macht sich regelmäßig wenigstens einer strafbar; beim Besitz von Cannabis schließlich ist meist entscheidend, wo sich der Konsument gerade aufhält: einer der seltenen Fälle, in denen das Überschreiten einer Bundeslandgrenze gefährlich werden kann …

Rund um die Nachbarschaft

Kleinkrieg am Gartenzaun

Morgens halb zehn, irgendwo in Deutschland: Sanft löst sich ein Eichenblatt von seinem Zweig. Herr Schmidtlein beobachtet es mit Argwohn. Gehört der alte Eichbaum doch Nachbar Meyer, der sich schon seit geraumer Zeit allerhand erlaubt. Und tatsächlich: Nach kurzem ungeraden Flug senkt sich das Blatt auf Schmidtleins Grund und Boden nieder, gesellt sich zu dem kleinen Häufchen, das laue Lüftlein von letzter Nacht den Ästen entrissen hat. Anlass genug also, Meyer die neuerliche Unerhörtheit unter die Nase zu reiben, ihm die Rechnung für die Laubbeseitigung anzudrohen. Und damit eine weitere Auseinandersetzung zu beginnen, die wie gewöhnlich erst vor Gericht ihr Ende finden wird.

«Die Parteien sind Nachbarn» – so manche Klageschrift beginnt mit diesen Worten. Denn Anlässe finden sich im täglichen Mit- und Gegeneinander genug. Schräges Klavierspiel, Grillqualm oder nächtliche Geburtstagsfeiern sollen nicht selten zu Auslösern bisweilen Jahrzehnte währender Kleinkriege geworden sein. Mal sind die Anlässe auch tierischer Natur: So, wenn Miezi das benachbarte Tulpenbeet als Katzenklo missbraucht, Fiffi seine Lebensfreude lautstark zum Ausdruck bringt oder Nachbars Hahn mit Inbrunst den neuen Tag begrüßt. Und selbst die Pflanzenwelt bietet schier unerschöpflichen Zündstoff: Überhohe Hecken, Laub, das sich in den falschen Garten verirrt, Bäume und Sträucher, die sich zu nah an die Grundstücksgrenze wagen – wer nichts findet, hat nicht ordentlich gesucht.

Damit nicht alles sofort bei Gericht landet, haben die meisten Bundesländer dem Klageweg ein Schlichtungsverfahren vorgeschaltet. Vor Erhebung einer Klage muss der streitwillige Nachbar eine

Schlichtungsstelle aufsuchen. Deren Adressen lassen sich bei den Amtsgerichten erfragen. Schlichter sind ehrenamtlich tätige Personen, die in der Regel in dem Bezirk wohnen, in dem auch die Widersacher zu Hause sind – und daher über die Verhältnisse vor Ort bestens informiert sind. Ein weiterer Vorzug: Es gibt keine Gewinner und Verlierer. Der Schlichter versucht nämlich, mit den Parteien eine einvernehmliche Lösung zu finden. Denn gerade bei Nachbarschaftsstreitigkeiten geht es meist nicht nur um die Beilegung einer einzelnen Auseinandersetzung, sondern auch darum, wie die Nachbarn zukünftig miteinander umgehen und leben werden. Wo ein Gerichtsverfahren nur noch tiefere Gräben zöge, sollen die Schlichtungsstellen gerade Gegenteiliges bewirken: die zerstrittenen Nachbarn wieder aufeinander zugehen lassen. Nach Verhandlungsende unterbreitet der Schlichter einen Lösungsvorschlag; einigen sich die Kontrahenten und unterzeichnen den Vergleich, kann dieser auch vollstreckt werden. Kommt es zu keiner Einigung, stellt der Schlichter ein Zeugnis aus, unter dessen Vorlage eine Klageerhebung möglich ist. Das anschließende Gerichtsverfahren kommt jedoch auf jeden Fall weitaus teurer zu stehen: Während für den Schlichtungsversuch zwischen 50 und 100 Euro zu zahlen sind, fallen vor Gericht in aller Regel mehrere Hunderte oder gar Tausende Euro Prozesskosten an.

Fazit

«Es kann der Frömmste nicht in Frieden leben, wenn es dem bösen Nachbarn nicht gefällt» – das wusste schon Schillers «Wilhelm Tell». Dass ein Nebeneinander nicht immer reibungslos vonstatten geht, liegt wohl in der Natur der Sache. Doch sind es oft nur Lappalien, die sich im Laufe der Jahre zu wahren Kleinkriegen hochschaukeln. Besser also: Möglichst sofort den Dialog suchen. Oder noch besser: Gleich vorbeugen. Den Umzug in ein Neubaugebiet etwa, in dem vorwiegend junge Familien leben, sollte sich ein älteres Ehepaar zweimal durch den Kopf gehen lassen. Treten trotz allem Auseinandersetzungen auf, ist meist der Schlichter die nächste Anlaufstelle. Kommt es trotz des Schlichtungsversuchs zu einem Gerichtsverfahren, ist das Verhältnis zueinander danach meist dauerhaft gestört. Und gerade bei Nachbarn gilt mehr als sonst: Man kann sich nicht ohne weiteres aus dem Weg gehen.

Grillsaison eröffnet!

Hüftsteaks à la Hartmann – eine von der ganzen Nachbarschaft geschätzte Gaumenfreude. Jedes Jahr pünktlich mit den ersten zarten Sonnenstrahlen erfreut sich sein Holzkohlengrill eines Comeback und die großzügig geladene Umgebung am Duft der brutzelnden Spezialitäten. Allein Ehepaar Schröder, zwei Stockwerke höher wohnhaft und beide eingefleischte Vegetarier, kann dem Hartmannschen Hobby nicht viel abgewinnen – ganz im Gegenteil: Bratengerüche treiben ihnen eher die Zornesröte ins Gesicht denn das Wasser im Munde zusammen. Und wie schon so oft zuvor wird auch diese Saison nicht vom alljährlichen Grillgefecht frei sein.

So simpel die Tätigkeit selbst, so unüberschaubar ihre juristischen Auswirkungen. Grundsätzlich gilt: Wagt sich Grillqualm in nachbarliche Wohn- oder Schlafräume vor, sollte dem Barbecuevergnügen schleunigst ein – zumindest vorläufiges – Ende gesetzt werden. Wer dies nicht tut, riskiert wegen Verstoßes gegen das Immissionsschutzgesetz ein Bußgeld. Praxistipp: Alufolie, emaillierte Grillschalen oder Elektrogrills lassen es gar nicht erst zu übermäßigen Rauchschwaden kommen. Notfalls also auf letztere umsatteln.

Was Grilldauer und -frequenz anbelangt, so lässt sich über diese Fragen trefflich streiten. Darin sind sich die Gerichte einig. Die Bandbreite der Entscheidungen ist so stattlich wie kaum anderswo.

Das Landgericht Stuttgart etwa billigt der Barbecue-Anhängerschaft ihre Leidenschaft lediglich drei mal zwei Stunden im Jahr oder jährlich sechs Stunden am Stück zu.[7] Zwar meint es, dass Grillen in einer multikulturellen Freizeitgesellschaft, die von einer zunehmenden Rückbesinnung auf die Natur geprägt sei, «eine übliche und im Sommer gebräuchliche Art der Speisenzubereitung» darstelle. Warum es diese dennoch nur so selten zulässt, wird wohl sein Geheimnis bleiben.

Das Amtsgericht Bonn ist dagegen der Auffassung, dass Freunde flambierten Fleisches im Sommer einmal pro Monat ihre Leibspeisen zubereiten dürften.[8] Allerdings sei diese Absicht 48 Stunden zuvor etwa durch Aushang im Treppenhaus kundzutun.

Dem Oberlandesgericht Oldenburg zufolge ist viermaliges Grillen jährlich – unter Umständen auch bis 24 Uhr – «sozialadäquat»[9], und das Bayerische Oberlandesgericht rang sich sogar dazu durch, bis zu fünf Grillabende im Jahr zu gestatten.[10]

Auch der Ort des Geschehens unterliegt im Übrigen strikten Regeln: Wer etwa auf Balkoniens schmalen Flächen den Grill anwerfen will, sollte dies besser per Tastendruck tun: Bereits mehrere Gerichte haben entschieden, dass auf Balkonen und Loggien jedenfalls kein offenes Holzkohlefeuer lodern darf. Also lieber auf den Elektrogrill zurückgreifen.

Und auch der Mietvertrag kann ein Wörtchen mitreden: Es ist zwar selten, aber durchaus denkbar, dass dieser ein Grillverbot verhängt. Die Wirksamkeit einer entsprechenden Klausel ist bereits gerichtlich bestätigt.[11] Wer sich nicht daran hält, muss mit Abmahnung und gar Kündigung durch den Vermieter rechnen. Bevor Sie den Kohlen richtig einheizen, kann ein Blick ins Vertragsformular also nicht schaden.

In Extremsituationen kann der Streit ums Barbecue sogar strafrechtliche Folgen haben: So im Fall eines grimmigen Geschäftsmanns, der über das Grillgut der Nachbarn Putzwasser und über diese selbst einen Schwall Schimpfwörter ergoss. Wegen Sachbeschädigung und Beleidigung verurteilte ihn das Amtsgericht zu einer Geldstrafe.

Fazit

Selbst das schmackhafteste Stück Fleisch wiegt den Verdruss nicht auf, den es im Umfeld manchmal verursachen kann. Und sollte es tatsächlich zum Gerichtsverfahren kommen, ist dessen Ausgang nahezu unberechenbar. Dann doch lieber von vornherein Streit vermeiden und den Nachbarn vorwarnen oder günstigstenfalls sogar einladen. Zumal das obligatorische Barbecuebierchen zusammen ohnehin besser schmeckt.

Der tägliche Krach: Von Hunden und Rasenmähern

Die lieben Kleinen, Hunde, Frösche, nächtliche Duschen oder Rasenmäher – die auf die Ohren friedliebender Nachbarn gerichteten Folterwerkzeuge sind ebenso vielgestaltig wie ohrenbetäubend. Nicht selten ist es mit Nachbars Friedensliebe vorbei und die Gerichte werden bemüht. Diese bestimmen dann gerne recht präzise, wann und wie lange gekreischt, gekläfft, gequakt, geduscht, gemäht oder gemuht werden darf.

Lautstarke Knirpse Sei es, dass Nachwuchskicker im Hof ihre Tore bejubeln oder eine Dreikäsehoch-Runde «Mau-Mau» in fortissimo spielt: Kinder dürfen Lärm machen. Das Landgericht Bad Kreuznach sagt es so: «Kinderlärm ist eine unvermeidbare Lebensäußerung und Ausdruck eines ganz natürlichen Spiel-, Mitteilungs- und Bewegungsdranges der Kinder.»[12] Für kleine Racker gilt also: Toben und Schreien erlaubt, auch zur Mittags- oder Nachtzeit.

Vierbeinige Freunde So mancher Hund verfügt über ein ausgeprägtes Mitteilungsbedürfnis. Damit dieses die hellhörige Nachbarschaft nicht übermäßig quält, hat das Oberlandesgericht Hamm folgende Begrenzungen erdacht: Vor- und nachmittags darf der beste Freund des Menschen insgesamt 30 Minuten, dabei jedoch nicht länger als 10 Minuten am Stück zu Wort kommen.[13] Der Lärmpegel ist nebenbei bemerkt gar nicht unbedingt entscheidend. Auch ständiges leises Wimmern oder Jaulen kann die nachbarlichen Nerven so strapazieren, dass der Hundebesitzer für Ruhe sorgen muss.[14] Kann ein Hund seine Kommunikationsfreudigkeit gar nicht im Zaum halten, droht eine Untersagung seiner Haltung durch den Vermieter bzw. auch ein gerichtliches Verbot.

Frösche Dem einen ist es liebliche Musik, dem anderen nervtötendes Gequake – fest steht jedenfalls, dass Froschlaute innerhalb der letzten Jahrzehnte immer seltener geworden sind. Als Konsequenz daraus genießen Frösche mittlerweile Artenschutz. Das wiederum bewirkt, dass sie sich ungestört artikulieren dürfen, und zwar selbst während der Paarungszeit von April bis Juni, während der sie ihre Liebesbotschaften gerne besonders geräuschvoll verlautbaren. Allein wenn die Frösche sich erdreisten, nachts fortwährend über 45 Dezibel zu quaken, müssen sie mit ihrer Umsiedlung rechnen.

Rasenmäher Kaum etwas vermag nicht nur das Nebenhaus, sondern auch den weiteren Umkreis der Nachbarschaft so sehr aus der Ruhe zu bringen. Für Rasenmäher schreibt die Geräte- und Maschinenlärmschutzverordnung daher vor: Werktags nach 20 Uhr und vor 7 Uhr haben Rasenmäher in Wohngebieten Pause, ebenso an Sonn- und Feiertagen. Gleiches gilt übrigens für Motorkettensägen, Heckenscheren und Vertikutierer.

Nächtliche Duschbäder Die gute Nachricht für Freunde später Körperpflege: Auch des Nachts muss der Brausekopf nicht stillstehen. Die schlechte: Sie dürfen ihrer späten Vorliebe nicht länger als 30 Minuten nächtlich frönen. So beschied das Oberlandesgericht Düsseldorf einen Spätduscher und dessen entnervten Kontrahenten.[15]

Alltägliche Verrichtungen Die Geräusche des täglichen Miteinanders sind zu erdulden. Das Getöse des Staubsaugers ebenso wie der Schleudergang der Waschmaschine oder das gelegentliche Erschallen der Bohrmaschine, wenn Renovierungsarbeiten anstehen. All diese Geräusche sind üblich und zudem kaum zu vermeiden.

Fazit

Um der lieben Ruhe willen haben schon viele Krach bekommen. Der Weg vor Gericht sollte dabei ultima ratio bleiben: Zum einen lässt das Urteil meist lange auf sich warten, zum anderen ist dessen Inhalt ungewiss. In wenigen Fragen entscheiden die Gerichte so uneinheitlich wie bei Lärmemissionen. Und schließlich dürfte es kaum zu größerer Harmonie führen. Besser also auch hier: mit dem Nachbarn eine einvernehmliche Lösung suchen.

«Klauen, klauen, Äpfel wollen wir klauen, ruck zuck über'n Zaun ...» Über'n Zaun, um von Nachbars Früchten zu naschen. Dass das nicht rechtens ist, dürfte jedem klar sein. Das Volkslied sagt es bereits selbst: Dabei handelt es sich um einen Diebstahl. Wie verhält es sich aber, wenn Kirschen, Stachelbeeren, Äpfel oder Birnen sich von Nachbars Zweigen über das eigene Grundstück neigen? Kurzerhand ernten und die persönliche Lieblingsmarmelade daraus kochen – ist das gestattet?

Die Antwort des Nachbarrechts ist klipp und klar: Die Früchte an Baum oder Strauch, die über die Grundstücksgrenze in den nachbarlichen Luftraum hineinragen, gehören dem Baum- oder Straucheigentümer. Zwar darf er zum Ernten das Nachbargrundstück nicht ohne Einwilligung betreten, wohl aber ein Pflückgerät benutzen und dabei auch über die Grenze greifen. Selbst wenn das appetitliche Obst dem Nachbarn also geradezu auf den Gartentisch wächst – pflücken und verspeisen darf er es nicht.

Anders ist es erst, wenn Wind, Wetter oder der Reifeprozess dafür sorgen, dass die Früchte in Nachbars Garten herabfallen. In diesem Moment fallen sie gleichsam in dessen Eigentum. Jetzt darf er sie genüsslich verzehren oder einkochen. Aber Vorsicht: Den natürlichen Prozessen darf man nicht vorgreifen – etwa durch kräftiges Schütteln des zarten Gewächses. Auf diese Weise erlangte Früchte sind herauszugeben bzw. Schadensersatz zu leisten.

Herabfallende Früchte gehören also dem Nachbarn. Gleiches gilt übrigens für das Laub: Diese «natürliche Lebensäußerung von Bäumen und Sträuchern» muss derjenige zusammenkehren, in dessen Garten es sich befindet, auch wenn es von Nachbars Pflanzen stammt. Selbst wenn das Herbstlaub die Dachrinne verstopft oder den neuangelegten Gartenteich verschmutzt, können die Kosten für die Beseitigung nicht vom Nebenmann verlangt werden – das ist nur in besonders drastischen Ausnahmefällen anders.

Und wie verhält es sich mit allem anderen, was von drüben kommt? Tobende Kinder oder Haustiere, die sich aus der regelmäßigen Verwüstung des gepflegten Tulpenbeets einen Sport machen?

In diesen Fällen kann der genervte Grundstückseigentümer darauf bestehen, dass der Nachbar sein Grundstück mit einem Zaun versieht. Tut der Störenfried das nicht, kann der Eigentümer die Einzäunung selbst errichten und die Kosten dafür einfordern.

Fazit

Von Nachbars Garten überhängende Birnen, Beeren, Äpfel oder Nüsse darf man nicht ernten; sonst werden sie schnell zu Früchten des Zorns. Dann also doch lieber warten, bis das begehrte Obst von allein den richtigen Weg findet: Kommt es zum «Überfall» (so nennen sich herabfallende Früchte unter Rechtsgelehrten), darf das Obst genüsslich verzehrt werden. Immer zu beachten aber ist: Nachhelfen gilt nicht!

Rund ums Haustier

Unbeliebte Mieter

Ob Waldi, Hasso oder Maunzi – um alle drei entflammen immer wieder Konflikte zwischen Mieter und Vermieter. In kaum einer Angelegenheit geht es dabei so emotional zu: Selbst der Bundesgerichtshof hat sich schon häufig mit ihr befassen müssen; und der Weg durch die Instanzen ist – nicht zuletzt fürs Portemonnaie – beschwerlich. Hier der Mieter mit einer Vorliebe für Fell-, Feder- oder Schuppenträger, dort der Vermieter mit Furcht vor Verschmutzungen, Lärm- und Geruchsbelästigungen oder sonstiger Störung anderer Mieter.

Wann aber darf ein tierischer Freund vier gemietete Wände mitbewohnen? Das Gesetz schweigt zu diesem Thema, will es sich doch (wohlweislich) nicht einmischen, sondern Mieter und Vermieter die Regelung dieser Frage überlassen. Ist vor Einzug bereits klar, dass ein Haustier Mitbewohner werden soll, lässt sich eine spezielle Vereinbarung hierzu treffen. Kommt es dabei schon zu animalischen Auseinandersetzungen, sollte vom Einzug wohl besser abgesehen werden. Oft genug kommt der Wunsch nach einem tierischen Mitbewohner aber erst auf, nachdem schon viele Monate oder Jahre in der Mietwohnung vergangen sind. Was dem Wunsch folgt, ist der bange Blick in den Mietvertrag. Bei diesem wird es sich in aller Regel um einen Formularmietvertrag handeln, eine Vereinbarung mit vorformulierten Klauseln also, die sich in jedem gut sortierten Schreibwarenladen erwerben lässt. Nun könnte man auf die Idee kommen, dass diese Verträge stets dasselbe festlegten – doch weit gefehlt: So farbenfroh die verschiedenen Papiere, auf denen sie abgedruckt sind, so unterschiedlich auch die Regelungen, die sie zur Haustierhaltung treffen:

«Haustiere dürfen nicht gehalten werden.» Ein solches vollständiges Verbot der Tierhaltung ist ebenso rigoros wie unwirksam. Denn es untersagt auch die Haltung von Kleintieren wie Zierfischen, Zwerghasen, Schildkröten oder Goldhamstern, die kaum in der Lage sind, Nachbar oder Vermieter zu belästigen, geschweige denn gefährlich zu werden.[16]

Sie alle dürfen immer mit einziehen – ganz gleich, was im Formularmietvertrag steht. Wirksam ist dagegen die Klausel:

«Das Halten von Hunden und Katzen ist verboten.» Hier bleibt die Kleintierhaltung nämlich möglich. Deutschlands zwei beliebteste Vierbeiner kann der Vermieter also von der Wohnung fernhalten.

«Die Tierhaltung bedarf der Zustimmung des Vermieters.» Auch diese – in Mietverträgen am häufigsten anzutreffende – Klausel ist wirksam. Hier kann der Vermieter grundsätzlich frei entscheiden, ob Bello oder Miezi mit einziehen dürfen. Willkür darf er dabei allerdings nicht walten lassen: Lebt im Erdgeschoss bereits ein Pudel und zwei Etagen höher ein Spitz, darf er den Mietern, die sich in einen Dackel verguckt haben, ihren Wunsch nicht ohne besonderen Grund abschlagen.

«Die Haltung von Tieren ist erlaubt.» Selbst wenn der Mietvertrag ausnahmsweise großzügig die Tierhaltung gestattet, gibt es Einschränkungen: Tummeln sich (wie vor Gericht schon durchaus verhandelt) in einer Mietwohnung neben einer Vielzahl von Würgeschlangen mehrere Pfeilgiftfrösche und eine Horde von Panzerechsen, kann der Vermieter trotz der allgemeinen Gestattung der Tierhaltung die ganze Meute ausweisen.

Gleiches gilt nebenbei bemerkt für Kampfhunde: Auch Stafford-Terrier oder Pitbulls sind von der grundsätzlichen Erlaubnis nicht umfasst.

Der Mietvertrag enthält keine Regelung Schweigt sich der Mietvertrag zur Tierhaltung aus, ist diese Frage nach dem sogenannten «vertragsgemäßen Gebrauch» der Mietsache zu beantworten. Die Gerichte entscheiden insofern sehr unterschiedlich. Feststeht, dass die Haltung von Kleintieren auch hier immer erlaubt ist. Zwei ausgewachsene Neufundländer auf einer Wohnfläche von 40 m² unterzubringen, dürfte nicht «vertragsgemäß» sein, einen Zwergpinscher oder eine Katze jedoch schon.

Wann die Tierhaltung erlaubt ist und wann nicht, ergibt sich also in aller Regel aus dem Mietvertrag; ansonsten ist die Frage nach dem etwas schwammigen «vertragsgemäßen Gebrauch» entscheidend. Was aber kann der Vermieter eigentlich unternehmen, wenn sich tierische Zeitgenossen unerlaubterweise unter seinem Dach aufhalten? Zunächst kann er die Tierhaltung untersagen und den Mieter abmahnen. Dazu ist er sogar verpflichtet, wenn das Tier andere Mieter erheblich belästigt.

Hat Fiffi es also bspw. auf die Kinder aus dem fünften Stock abgesehen und knurrt sie im Hausflur immer wieder bedrohlich an, so wird der Vermieter dessen Halter in aller Regel abmahnen. Bleibt Fiffi trotz der Abmahnung uneinsichtig, kann sein Vermieter Klage einreichen. In gravierenden Fällen, wenn Fiffi die Nachbarskinder also etwa gar anfällt oder im ganzen Hausflur Angst und Schrecken verbreitet, ist auch eine fristlose Kündigung möglich.

Auch eine schon erteilte Erlaubnis kann der Vermieter übrigens widerrufen. Dafür benötigt er allerdings einen triftigen Grund, und er darf den Widerruf nicht als Drohung einsetzen, etwa: «Wenn Sie der Mieterhöhung nicht zustimmen, muss ich Ihre Katze des Hauses verweisen.»

Fazit

Wer von vornherein weiß, dass er ein Haustier in die neue Wohnung mitnehmen möchte, sollte mit seinem Vermieter eine spezielle Regelung hierzu treffen. Kommt die Idee erst nach Einzug auf, ist entscheidend, was der Mietvertrag dazu sagt. Meist wird er die Zustimmung des Vermieters verlangen. Verweigert dieser sein Einverständnis, hat er aber gleichzeitig anderen Mietern die Haltung ähnlicher Tiere gestattet, steht notfalls der Gang zum Gericht an. Nach dem Urteil können Hund oder Katze es sich dann in der Wohnung aber auch tierisch gut gehen lassen.

An der langen Leine: Anleinpflicht für Hunde

Kein Hund ist – ebenso wenig wie jedes andere Lebewesen – vollkommen berechenbar. Wer kann schon ermessen, was im Kopf seines Gefährten gerade vorgeht? Selbst wohlerzogene und friedliebende Vierbeiner kann plötzlich die Jagdlust packen, ein angeborener Urtrieb immerhin. Und mancher noch so sanftmütige Begleiter verbreitet auf dem täglichen Gassigang allein durch Größe und Erscheinungsbild unter empfindsamen Passanten Angst und Schrecken.

Die Landesgesetzgeber haben reagiert – insbesondere nach mehreren Fällen von Angriffen auf Kinder. Zwar sind die Regelungen im Detail von Bundesland zu Bundesland unterschiedlich, klingen grundsätzlich aber stets so oder ähnlich: Tiere sind allgemein dergestalt zu halten und zu beaufsichtigen, dass niemand gefährdet wird. In bebauten Gebieten dürfen Hunde nur angeleint und von einer geeigneten Person geführt werden.

Städte und Gemeinden können die Leinenpflicht sogar noch verschärfen und etwa auf Grünanlagen oder Waldwege ausdehnen. Lässt man seinen Gefährten also ungebunden herumtollen, ist mit einem Bußgeld zu rechnen. Und sollte tatsächlich einmal etwas passieren, sind – abgesehen von den Leiden des Opfers – auch die finanziellen Risiken groß: Schadensersatzrechtlich greift nämlich eine sogenannte «Gefährdungshaftung» des Halters; d. h. dieser haftet etwa für von seinem Hund angerichtete Körperverletzungen selbst dann, wenn er ihn ordnungsgemäß beaufsichtigt hat. Und bei schwerwiegenden Beeinträchtigungen ist es durchaus schon zu lebenslangen Rentenzahlungen an den Verletzten gekommen.

Damit Waldi seinem Bewegungsdrang aber auch einmal uneingeschränkt nachgeben kann, haben viele Kommunen Hundeauslaufzonen eingerichtet. In diesen sogenannten «besonders ausgewiesenen Auslaufbereichen» darf nach Hundeherzenslust gesprintet, gespurtet und gespielt werden. Und gegen einen generellen Leinenzwang – überall und rund um die Uhr – haben sich auch schon mehrere Oberlandesgerichte ausgesprochen:[17] Unter solchen Umständen sei eine artgerechte Hundehaltung nämlich nicht mehr möglich. Vollständig und allerorten untersagen darf die Gemeinde das freie Umherlaufen also nicht.

Auch vor der Leinenlänge hat der Gesetzgeber übrigens nicht haltgemacht: «Hunde sind an einer zur Vermeidung von Gefahren geeigneten Leine zu führen» heißt es oft etwas unpräzise im Landesgesetz. Während die echte Führleine mit einer Länge von bis zu 1,80 m zur Vermeidung von Gefahren wohl stets geeignet ist, dürfte dies auf eine 15 m messende Schleppleine gewiss nicht zutreffen.

Und für Pitbulls, Dobermänner und Rottweiler gelten ohnehin strikteste Regelungen: Wesenstest für den Hund, Melde- und Versicherungspflicht, Kennzeichnung per Mikrochip, polizeiliches Führungszeugnis und Sachkundeprüfung; nur wer sich mit diesem Auflagenmarathon anfreunden kann, sollte die Haltung eines solchen Hundes überhaupt in Betracht ziehen.

Fazit

Manchem mag die vor einigen Jahren eingeführte weitgehende Leinenpflicht übertrieben erscheinen. Andererseits haben viele Menschen Angst vor Hunden und lassen sich durch den Zuruf «Der macht doch nichts!» eben nicht beruhigen. Hundehalter können sich beim Ordnungsamt von Stadt oder Gemeinde informieren, wo ihr Begleiter noch wahre Freiheit genießen darf.

Aufsammeln statt reintreten – Für saubere Gehsteige

Das Thema taucht seit einiger Zeit häufiger auf der Tagesordnung auf. Die Lobby der Hundekotgegner ist größer geworden und die Liste ihrer Argumente lang: Ästhetik und Hygiene, unappetitliches Schuhwerk oder verschmierte Sandschaufeln kleiner Kinderspielplatzbesucher. Hoteliers und Tourismusmanager sollen gar angeführt haben, dass man von ihrer schönen Gegend gar nichts mitbekomme, da der Blick stets nach unten gerichtet sein müsse. Noch schärfere Zungen schließlich haben den Begriff «Köter» für den Haushund erdacht: Er leitet sich vom Wort Kot ab.

Städte und Gemeinden haben reagiert: Fast allerorten finden sich mittlerweile in Rathäusern, an Gehwegen oder öffentlichen Grünflächen Beutelspender. Und so mancher Hundebesitzer ist auch bereit, die Hinterlassenschaften seines Begleiters aufzulesen – oft genug angeekelt bestaunt von Passanten oder anderen Hundebesitzern, die solches eben nicht tun. Letztere begründen ihre Untätigkeit nicht selten damit, dass die gezahlte Hundesteuer schließlich zur Beseitigung der Ausscheidungen ihrer Gefährten eingesetzt werden könne. Was ihnen – ebenso wie vielen anderen – nicht bewusst ist: Steuern unterliegen keiner Zweckbindung. Genauso wenig wie etwa die Tabaksteuer für Maßnahmen zur Behandlung von Raucherkrankheiten zu verwenden ist, dienen Hundesteuern der Unterhaltung von Tierheimen oder eben der Beseitigung von Hundekot. Zweckgebundene Zahlungen an den Staat heißen Gebühren – weshalb unter Politikern auch immer wieder der Ruf nach einer speziellen Hundekotgebühr laut wird. Sie wäre neben der Hundesteuer zu zahlen und könnte für die Kotbeseitigung eingesetzt werden. Die Diskussion ist im Gange.

Vorerst wird es wohl bei den Gassitütchen bleiben – und der Verpflichtung von Hundefreunden, mittels dieser dafür zu sorgen, dass Verunreinigungen auf Straßen, Vorgärten oder Grünanlagen sofort beseitigt werden. Handelt der Halter seiner Aufhebepflicht zuwider, begeht er eine Ordnungswidrigkeit und muss mit einer Geldbuße rechnen. Ausnahmen gelten lediglich für Blindenhunde oder Vierbeiner im Einsatz von Sicherheitsorganen. Problematisch für die Gemeinden ist naturgemäß die Durchsetzung des Reinigungsgebots: Nur selten werden Mitarbeiter des Ordnungsamts einen Häufchensünder auf frischer Tat ertappen können.

Auch jenseits der Grenzen hat die Diskussion um tierische Ausscheidungen übrigens hohe Wellen geschlagen: In Paris und Amsterdam kreuzen bereits seit den 90er-Jahren Motorräder mit aufmontierten Industriestaubsaugern die Straßen. Von den Parisern liebevoll «Kakasakis» genannt, werden ihnen große Erfolge bei der Exkrementenbekämpfung zugeschrieben.

In der Schweiz hat sich dagegen ein spezielles Hundebriefkastensystem durchgesetzt. Nicht in öffentliche Müllbehälter, sondern in sogenannten «Robidogs» müssen die aufgesammelten Exkremente entsorgt werden. Da den gewohnten Briefkästen nicht unähnlich, sollen schon mehrere Touristen dabei gesichtet worden sein, dass sie Postkarten schrieben, sich umsahen und … sie in den nächsten Robidog warfen.

Fazit

Nichtstun im Angesicht der Hinterlassenschaften des eigenen Gefolges kann teuer werden – wenn man denn erwischt wird. In nahezu allen Gemeinden hierzulande herrscht mittlerweile Schaufel- und Tütenzwang. Ein kleiner Tipp: Befestigt man die Gassitütchen an der Leine, sind sie auch nach einem Jackenwechsel stets griffbereit.

Haustiere auf der Straße: Die Gefahrbremsung

«Bitte Abstand halten, ich bremse auch für Tiere» – verkündet auch heute noch so manche Heckansicht motorisierter Verkehrsteilnehmer. Und dass Kollisionen mit tierischen Zeitgenossen nicht selten vorkommen und ganz gravierende Folgen haben können, belegen die Zahlen: Etwa dreißig Menschen kommen dabei jedes Jahr zu Tode, 2500 verletzen sich teils schwer, 170 000 Wildtiere und circa 70 000 Katzen geraten jährlich unter die Räder. Auf Land- und Bundesstraßen zählen Kollisionen mit Wild mit zehn bis fünfzehn Prozent zu den häufigsten Unfallursachen.

Doch wer auch für Tiere bremst, kann – so menschlich nachvollziehbar es ist – in rechtliche Schwierigkeiten geraten. Denn oft kommt es dabei zu Auffahrunfällen und anschließend zu Gerichtsverfahren, in denen die Frage nach der Haftung für den entstandenen Schaden geklärt werden will. Und die Gerichte sind sich alles andere als einig, wann und vor allem für wen gebremst werden darf.

Der altbekannte Grundsatz im Straßenverkehr lautet zwar: Sicherheitsabstand halten – § 4 der Straßenverkehrsordnung (StVO) sagt es so: «Der Abstand von einem vorausfahrenden Fahrzeug muss in der Regel so groß sein, dass auch dann hinter ihm gehalten werden kann, wenn es plötzlich gebremst wird.» Die Haftungsverteilung erfolgt also nach dem altbekannten Satz: «Wenn's hinten kracht, gibt's vorne Geld», sprich: Wer auffährt, muss dem Vordermann den Schaden ersetzen. Die Rechtsprechung ist sich dennoch uneins, denn in § 4 StVO heißt es außerdem: «Der Vorausfahrende darf nicht ohne zwingenden Grund stark bremsen.» Und diesen zwingenden Grund vermag so manches Gericht im Leben eines Tieres nicht zu erkennen.

Das Amtsgericht Nürnberg etwa ließ einen Autofahrer, der für ein Eichhörnchen gebremst hatte, auf 25 Prozent des Schadens sitzen, den der auffahrende Nachfolger verursacht hatte.[18] Als im Saarland ein Wagenlenker ebenfalls für ein Eichhörnchen stark bremste und ein Motorradfahrer dadurch zu Fall kam, waren letzterem dem Oberlandesgericht Saarbrücken zufolge gar 2/3 des entstandenen Schadens zu ersetzen.[19] Und im Fall einer Taube bürdete das Landgericht Bonn der tierlieben Autofahrerin ein Drittel des Gesamtschadens auf.[20]

Für eine Katze dagegen, so entschied das Landgericht Paderborn, dürfe innerorts durchaus gebremst werden.[21] Während in freier Wildbahn etwa ein Hase notfalls überfahren werden müsse, um eine Kollision mit dem Hintermann zu vermeiden, sei innerhalb von Ortschaften – insbesondere in ländlichen Gegenden – stets mit haustierischem Querverkehr zu rechnen. Der Hintermann müsse daher eine mögliche Vollbremsung einkalkulieren und entsprechend Abstand halten.

Einen Berliner Dackel schließlich, der aufgrund der Umsicht einer Autofahrerin mit dem Leben davonkam, aber einen Auffahrunfall auf sein Gewissen lud, betrachtete das Kammergericht nicht als zwingenden Grund für eine Vollbremsung. Dennoch sprach es die Fahrerin von der Haftung frei, da ihr Hintermann nicht vorausschauend genug gefahren sei und bei ordnungsgemäßer Fahrweise noch rechtzeitig hätte bremsen können.[22]

Die Gerichtsentscheidungen zu Tierunfällen sind also so uneinheitlich wie unüberschaubar. Unterwegs in der Stadt gilt folglich: Einhalten der Geschwindigkeitsbeschränkung und aufmerksame Blicke auch unter parkende Autos können Leben retten – und auch vor rechtlichem Ungemach bewahren.

Außerorts kommt man ebenso mit ein wenig Gesetzestreue recht weit, dort heißt es: Insbesondere in den Dämmerstunden runter vom Gas und die «Wildwechsel»-Beschilderung nicht auf die leichte Schulter nehmen. Zwischen Mitte September und Mitte Oktober herrscht unter dem Rotwild Brunftzeit, während der es vor lauter Geschlechts- dem Straßenverkehr noch weniger Beachtung schenkt. Rotwild ist übrigens nicht in der Lage, Geschwindigkeiten ab 70 km/h zu registrieren – es nimmt Fahrzeuge mit hohem Tempo schlicht nicht wahr. Am Straßenrand macht es sich für Autofahrer am ehesten noch durch seine reflektierenden Augen bemerkbar, die schon von weitem sichtbar sind; sie bieten also einen guten Anhaltspunkt für mögliche Kollisionsgefahren.

Ist es zum Unfall gekommen, gilt grundsätzlich: Am besten die Polizei rufen, denn die rechtlichen Auswirkungen sind nur schwer überschaubar. Bei Haustieren ist der Halter verpflichtet, darauf zu achten, dass von diesen keine Gefahren ausgehen. Wer also Katze, Pudel oder Schäferhund ausweicht und dabei etwa mit parkenden Autos kollidiert, kann vom Halter des Tieres Schadensersatz verlangen. Diesen zu ermitteln, sind jedoch oft nur die Gesetzeshüter imstande. Wer umgekehrt ein Haustier überrollt oder verletzt, begeht – unter Juristen gelten Tiere als «Sachen» – eine Sachbeschädigung. Entfernt er sich ohne Benachrichtigung des Eigentümers, macht er sich gar eines unerlaubten Entfernens vom Unfallort schuldig.

Und auch außerorts empfiehlt es sich, Beamte einzuschalten. Diese lassen sich über 110 übrigens auch per Handy erreichen. Ist ein größeres Wildtier auf der Straße verendet, sollte es an den Straßenrand gezogen werden, um eine Gefährdung des nachfolgenden

Verkehrs auszuschließen. Wegen möglicher Tollwutgefahren empfiehlt es sich, dabei – sofern vorhanden – Handschuhe zu verwenden. Getötetes Wild mitzunehmen und in der heimischen Pfanne
zu braten ist übrigens unerlaubt: Der Straftatbestand heißt «Jagd-
wilderei».

Fazit

Tierische Zeitgenossen können mit Verkehrsregeln und Straßenverkehrsordnung wenig anfangen. Umso wichtiger, diese selbst einzuhalten,
besonders dort, wo am Straßenrand auf vierbeinigen Querverkehr hingewiesen wird. Ist es zur Kollision gekommen, sind die juristischen Konsequenzen nur schwer überschaubar. Daher am besten noch vor Ort die
Polizei informieren.

Rund um Fernsehen & Video

Was tun, wenn der GEZ-Mann klingelt?

«Gebühreneinzugszentrale der öffentlich-rechtlichen Rundfunkanstalten in der Bundesrepublik Deutschland» – bereits beim Namen der in Köln platzierten Einrichtung handelt es sich um ein furchteinflößendes Wortungetüm. Und vielleicht hat man hier ja tatsächlich die Möglichkeiten der deutschen Sprache ausgeschöpft, zu eben diesem Zweck: Furcht einflößen. Kurz «GEZ» genannt, zieht die Zentrale für alle öffentlich-rechtlichen Sendeanstalten die Rundfunkgebühren ein – nicht selten mit zweifelhaften Methoden.

Wer noch nicht als Rundfunkteilnehmer gemeldet ist, empfängt in aller Regel zunächst Post. Absender: GEZ. Die Anschrift erhält die GEZ meist von Einwohnermeldeämtern – diese sind zur Übermittlung von An- und Abmeldungen verpflichtet. Gerne aber shoppt sie auch bei kommerziellen Adresshändlern, aus deren Sortiment sie gezielt die Abonnenten von Fernsehzeitschriften oder Teilnehmer an Pay-TV-Gewinnspielen auswählt.

Bleibt eine Antwort auf ihr erstes Anschreiben aus, verfasst die GEZ die nachfolgenden in immer bedrohlicherem Ton – was die (unzutreffende) Assoziation wecken soll, dass demnächst hoheitliche Maßnahmen anstünden. Nach drei Schreiben versiegt der Papierstrom jedoch meist.

In den Mitteilungen des «Kölner Dienstleistungszentrums» (GEZ über GEZ) ist immer wieder von «Auskunftspflicht» die Rede. Doch muss ich tatsächlich zurückschreiben? Die Antwort steht in § 3 des Rundfunkgebührenstaatsvertrags: «Beginn und Ende des Bereithaltens eines Rundfunkempfangsgerätes zum Empfang sind unverzüglich der Landesrundfunkanstalt anzuzeigen, in deren Anstaltsbereich der Rundfunkteilnehmer wohnt, sich ständig aufhält oder ständig ein Rundfunkempfangsgerät zum Empfang bereithält.» Im Klartext: Wer Fernseher, Radio oder internetfähigen Computer beherbergt, ist der GEZ gegenüber grundsätzlich zur Auskunft verpflichtet. Wer jenes nicht tut, darf die Schreiben ruhigen Gewissens dem Papierkorb anvertrauen, ohne dass er etwas zu befürchten hätte.

Doch nicht nur im Briefkasten, auch vor der Tür lauert die GEZ. Geht vormittags unerwartet die Klingel, so ist zunächst die Hoffnung groß, es sei der Postbote mit einem ersehnten Paket. Mitunter ist es nur der Nachbar, dem ein Ei fürs mittägliche Omelett fehlt. Oder der Mieter von nebenan, dem der eigene Musikgeschmack schon morgens die Laune verdirbt. Und selbst Staubsaugervertreter lassen sich mit ein wenig Sturheit bändigen. Anders jedoch die meist männlichen Zeitgenossen, die im Auftrag der Landesrundfunkanstalten unterwegs sind: Sie lassen sich nicht abwimmeln.

Die «Rundfunkgebührenbeauftragten», im Volksmund besser als GEZ-Kontrolleure bekannt, sollen im zugewiesenen Gebiet die Einhaltung der Gebührenpflicht überwachen – und möglichst viele Schwarzseher, Gebührenscheue und Zahlungsverweigerer zur Strecke bringen. So mancher hat sich wohl schon gefragt, warum sie bei dieser scheinbar unangenehmen Aufgabe eine so enorme Energie aufbringen. Die Antwort ist simpel: Sie werden durch Provisionen entlohnt. Der Verdienst ist also allein davon abhängig, wieviele Bürger sie zur Anmeldung ihrer Geräte bewegen. Je längere Zeit diese nachzahlen müssen, desto größer die Vergütung. Wohl aus diesem Grund geht es dabei an der Haustür häufig wenig zimperlich zu. Angeblich zu Meinungsforschungszwecken dienende Fangfragen wie «Lesen Sie TV Movie?» oder «Hat Ihnen ‹Wetten, dass?› gefallen?» gehören noch zu den harmloseren Methoden. Täuschen, drohen, einschüchtern – obwohl unerlaubt, soll es Berichten von Betroffenen zufolge immer wieder dazu kommen. Von besonders gewissenlosen Gebührenbeauftragten wird erzählt, dass sie vermeintliche Schwarzseher mit Vorliebe sonn- oder feiertags aufsuchen – in der Annahme, dass diese dann schneller unterschreiben, um wieder in Ruhe gelassen zu werden. Ebenso beliebt sollen Schlips, Hemd und Anzug sein, die einen hoheitlichen Anstrich verleihen. Die gern gebrauchte Drohung mit einer Hausdurchsuchung nämlich zeige so ganz andere Wirkung.

Und nur darauf kann der Gebühreneintreiber hoffen, denn rechtlich ist die Ankündigung ausgemachter Unsinn. Bei den GEZ-Kontrolleuren handelt es sich nämlich nicht etwa um Beamte, sondern um selbstständig tätige Außendienstmitarbeiter ohne jegliche staatliche Befugnisse. Ebenso wenig wie jeden anderen Privatmann müssen Sie den Beauftragten in die Wohnung lassen, geschweige denn ihm überhaupt die Tür öffnen. Abgesehen von dem oben erwähnten Anspruch auf Auskunft, ob Sie Rundfunkgeräte «bereithalten», haben die Eintreiber überhaupt keine rechtlichen Befugnisse.

Was jedoch, wenn die Tür schon offen ist – und aus dem Wohnzimmer die Synchronstimme des Terminators dringt, auf der Flurkommode die Fernsehzeitschrift liegt und der Radiomoderator im Kinderzimmer gerade unüberhörbar Tokio Hotel ankündigt?

Dann greift die Pflicht, über vorhandene Rundfunkgeräte Angaben zu machen. Wer sich weigert, braucht zwar auch in diesem Fall keine Hausdurchsuchung zu befürchten, doch könnte die Rundfunkanstalt ihren Auskunftsanspruch mittels einer Geldbuße durchsetzen. Letzteres ist bislang jedoch kaum einmal geschehen.

Fazit

Für eine Handvoll Euro, die sie den Nichtanmeldern monatlich abknöpfen wollen, sind die «Rundfunkgebührenbeauftragten» unterwegs, um – so der Internetauftritt der GEZ, «das Gebührenzahlen so einfach wie möglich zu machen». Die Kontrolleure hereinlassen oder ihnen auch nur die Tür öffnen muss niemand. Ist dies aber schon geschehen und sind Anhaltspunkte für Fernseher, Radio oder internetfähigen PC nicht zu verleugnen, besteht insofern eine Auskunftspflicht. Wer nichts bereithält, muss dagegen auch keine Angaben machen.

Nichtzahler müssen übrigens auch nicht fürchten, dass man ihnen mittels Hightech auf die Schliche kommt: Bei der gern geschilderten Geschichte von den GEZ-Peilwagen handelt es sich um einen bloßen Mythos.

Ärger um die Kabelgebühren

20–30 Programme, eine unscheinbare Antenne, gute Bildqualität – und das alles ohne monatliche Gebühr. DVB-T («Digital Video Broadcasting-Terrestrial») bietet bislang unbekannte Fernsehfreuden. Lässt es sich schon jetzt in vielen Regionen empfangen, soll es bis 2010 in der ganzen Bundesrepublik verfügbar sein. Benötigt wird lediglich eine Haus- oder Zimmerantenne sowie ein Decoder, der bereits ab etwa 50 Euro zu haben ist.

Die Umstellung auf den digitalen Fernsehempfang jedoch wirft nicht allein technische, sondern auch mietrechtliche Fragen auf. Und zwar insbesondere im Hinblick auf das gute alte Kabelfernsehen: Das nämlich bietet in der Regel kaum größere Programmvielfalt, kostet jedoch Gebühren, im günstigsten Fall etwa sieben, im schlimmsten über 20 Euro im Monat. Verständlich also, dass viele Mieter wenig gewillt sind, weiterhin Kabelgebühren zu zahlen, wenn sie ebenso gut über DVB-T fernsehen könnten. Eine Kündigung des Kabelvertrags aber erweist sich oft als überaus problematisch, wenn nicht gar unmöglich.

Grundsätzlich gibt es zwei Kabelanschlussvarianten: den Einzel- und den Sammelanschluss. Letzterer ist vor allem in Mehrfamilienhäusern und Wohnanlagen weitverbreitet. Besonders Baugesellschaften und -genossenschaften, aber auch viele private Vermieter haben sämtliche Wohnungen ihrer Mietshäuser in den zurückliegenden Jahren gern verkabeln lassen. Oft ersetzten die Kabelanbieter dabei kostenlos überholungsbedürftige Gemeinschaftsantennen durch moderne Hauskabelnetze. Im Gegenzug sicherten sie sich langfristige Nutzungsverträge mit Laufzeiten bis zu 20 Jahren.

Die monatlichen Kabelfernsehkosten wiederum legten die Vermieter als Betriebskosten auf die Mieter um. Und sind diese in ein bereits verkabeltes Haus eingezogen, können sie sich später gegen die Gebühren nicht mehr wehren. Egal, wieviel lieber sie über DVB-T fernsähen, egal, ob sie dies sogar tun, egal, ob sie den Kabelanschluss vielleicht nie genutzt haben. Denn mit der Unterzeichnung des Mietvertrags sind die Kabelkosten akzeptiert worden, die

Gebühren fester Vertragsbestandteil, eine Kündigung daher grundsätzlich nicht möglich.

Nur wer sich in dieser verzweifelten Lage dazu durchringen kann, gleich den ganzen Mietvertrag zu kündigen, ist auch die Kabelkosten los – eine Maßnahme, zu der wohl kaum jemand greifen wollen wird. Die zweite Möglichkeit ist, sich mit den übrigen Mietern des Hauses darauf zu einigen, künftig nicht mehr über Kabel fernsehen zu wollen; und dann mit dem Vermieter absprechen, dass dieser den Nutzungsvertrag auslaufen lässt. Ist wohl schon Einigkeit unter den Mietern herbeizuführen meist schwierig, kann auch der Vermieter zur unüberwindlichen Hürde werden. Dann nämlich, wenn er auf stur stellt. Denn ein Anspruch auf Kabelfernsehfreiheit besteht auch dann nicht, wenn alle Mieter des Hauses sich diese wünschen.

Und selbst wenn das Gebäude bislang unverkabelt war, kann der Vermieter diesen Zustand auf (Betriebs-)Kosten der Mieter kurzerhand ändern. Eine «Zwangsverkabelung» ist von den Mietern hinzunehmen, weil es sich dabei um eine «duldungspflichtige Modernisierung» handelt. Und zwar auch dann, wenn in dem Haus DVB-T-Empfang möglich ist. Denn über Kabel, so der Bundesgerichtshof, ließen sich mehr Programme empfangen als über DVB-T und Zusatzleistungen wie der Bezahl-Sender Premiere oder Kanäle mit ausländischen Programmen buchen.[24] Den Anschluss ans Kabelnetz, die dazu notwendigen Bauarbeiten sowie die folgende Betriebskostenerhöhung müssten Mieter daher dulden.

Fazit

Wer in ein Haus mit Kabelanschluss eingezogen, von den monatlichen Gebühren aber wenig begeistert ist, kann trotz der neuen DVB-T-Technik kaum etwas unternehmen. Lässt der Vermieter nicht mit sich handeln, heißt es leider: weiterzahlen. Ein Recht umzusatteln gibt es nicht. Selbst bislang unverkabelte Miethäuser kann der Vermieter anschließen lassen und die Gebühren als Betriebskosten auf seine Mieter umlegen.

Raubkopierer sind Verbrecher

«Mama, wann kommt Papa wieder heim?» wollen die Kinder wissen, nachdem das Geburtstagsständchen vor dem Gefängnisfenster ihres Vaters verklungen ist. «Noch viermal singen …», antwortet die Mutter melancholisch.

Die Filmindustrie hat mobilgemacht: Der Spot über den raubkopierenden Familienvater ist nur einer von vielen, die in Kinos, auf Verleih-DVDs oder im Fernsehen Stimmung gegen Filmduplikate machen. Und zwar eine möglichst düstere Stimmung, in der das scharfe Schwert des Strafrechts Regie führt – «Verbrechen», «Gefängnis», «Haft» gehören zu den beliebtesten Begriffen der Kampagne.

Was ist dran? Zunächst einmal spielt ein anderes Rechtsgebiet im Drehbuch über die Filmkopie die Hauptrolle: das Urheberrecht. Und dieses lässt nach wie vor das Duplikat für Privatzwecke zu: Für das private Umfeld, also Familie und Freunde, darf man DVDs oder CDs vervielfältigen. Die Gestattung der «Privatkopie» hat der Gesetzgeber bereits in den 60er-Jahren ins Urheberrecht eingefügt; Grundgedanke war, dass sich eine Verfolgung der geringfügigen Rechtsverstöße im privaten Bereich tatsächlich kaum durchführen ließe. Stattdessen sind seitdem Kopiermedien wie DVD-Brenner oder –rohlinge mit einer speziellen Abgabe versehen, die vom Geldbeutel des Ladenkunden in die Taschen der Urheberrechtsinhaber fließt.

Grundsätzlich gilt demnach: Die Vervielfältigung einer Film-CD oder -DVD zu privaten Zwecken ist erlaubt. Also auf in die nächste Videothek, die Regale leerräumen und die Brenner nächtelang heißlaufen lassen? Nein. Die Freiheit ist nicht so grenzenlos, wie es auf den ersten Blick scheinen mag. Denn im Jahr 2003 hat das Recht auf Privatkopie eine empfindliche Einschränkung erfahren. Seither ist es untersagt, bei der Anfertigung eines Duplikats einen Kopierschutz zu umgehen – selbst dann, wenn der Käufer oder Entleiher nur eine Sicherheitsdublette im Sinn hat. Das Problem: Mittlerweile sind nahezu ausschließlich kopiergeschützte Filme auf dem Markt: Während sich zwischen Musik-CDs immer noch viele ungeschützte

Exemplare tummeln, ist dies unter bewegten Bildern fast nie der Fall.

Wer sich trotz Kopierschutzes ein Duplikat seines Lieblingsstreifens anfertigt, muss mit zweierlei Arten von Konsequenzen rechnen: zivilrechtlichen und strafrechtlichen. Zivilrechtlich drohen in jedem Fall Unterlassungs- und Schadensersatzansprüche der Urheberrechtsinhaber (und das kann teuer werden). In strafrechtlicher Hinsicht ist zu differenzieren: Wer die Kopie ausschließlich zum privaten Gebrauch oder für Familienangehörige oder enge Freunde erstellt, macht sich nicht strafbar, muss also nicht mit staatlicher Verfolgung rechnen. Anders sieht es bei professionellen «Raubkopierern» aus, die massenweise Duplikate anfertigen, um sie sodann bei Ebay, vor Schulhöfen oder auf Flohmärkten zu verhökern. Zwar sind auch sie keine «Verbrecher»: Verbrechen sind laut Strafgesetzbuch Taten, die mit mindestens einem Jahr Freiheitsstrafe bedroht sind. Solch drakonische Sanktionen sind für Urheberrechtsverstöße jedenfalls nicht vorgesehen. Doch müssen sie mit Geldstrafen und in besonders schwerwiegenden Fällen tatsächlich damit rechnen, hinter Gittern zu landen.

Fazit

Schwedische Gardinen, Wasser und Brot, ein kleidsamer Streifenanzug – in diesen Genuss gelangt niemand so schnell, wie die Filmindustrie gerne glauben machen möchte. Dem «Otto Normalkopierer» jedenfalls wird solches so schnell nicht passieren. Auch für ihn jedoch kann die Kopie einer geschützten CD oder DVD Folgen haben: die Unterlassungs- und Schadensersatzansprüche der Urheberrechtsinhaber. Legal vervielfältigen lassen sich nur ungeschützte Filme, und auch das nur zum privaten Gebrauch.

Hausfassade contra Satellitenschüssel

Satellitenschüsseln, fachsprachlich «Parabolantennen» genannt, sorgen seit ihrer massenweisen Verbreitung massenweise für Zündstoff: zwischen Mietern und Vermietern. Viele wünschen sich angesichts des derzeitigen TV-Programms eine größere Sendervielfalt und hoffen auf bessere Unterhaltung. Ihrem Ansinnen stehen die Interessen der Hauseigentümer entgegen. Und hat sich etwa ein Ästhetikliebhaber gerade einen Lebenstraum erfüllt und ein schmuckes Altbaugebäude erworben, ist der Wunsch nach schüsselfreien Fassaden vielleicht sogar nachvollziehbar.

Wie so oft bei Auseinandersetzungen zwischen Mieter und Vermieter, gebührt der erste Blick den getroffenen Vereinbarungen: Verbietet der Mietvertrag Parabolantennen generell, so ist die Klausel unwirksam. Was er vorsehen darf, ist die Zustimmung des Vermieters zur Anbringung einer Satellitenschüssel. Diese wiederum darf der Vermieter nicht etwa nach Tageslaune erteilen oder versagen. Vielmehr entscheiden die Umstände des Einzelfalls, ob er dem Vorhaben stattgeben muss oder nicht.

Für den Mieter streitet dabei insbesondere die grundgesetzlich geschützte Informationsfreiheit, für den Vermieter mögliche Bausubstanzbeschädigungen oder die Beeinträchtigung der Gebäudeoptik. Fällt die von der Rechtsprechung geforderte «Abwägung der Vermieter- und Mieterinteressen» zugunsten letzterer aus, darf sich der Mieter auf ein besonders buntes Fernsehprogramm freuen:

Ist das Haus bislang nicht ans Kabelnetz angeschlossen und auch terrestrisches Digitalfernsehen (DVB-T) in der Region nicht zu empfangen, kann der Mieter aufgrund seines Informationsbedürfnisses grundsätzlich die Zustimmung zur Satellitenschüssel einfordern.

Anders verhält es sich, wenn Kabelanschluss, DVB-T-Empfang oder gar beide vorhanden sind. Dann nämlich ist dem Anspruch auf «Rundfunkgrundversorgung» Genüge getan und das Veto des Vermieters zur Parabolantenne hinzunehmen.

Abhilfe kann dann nur eine mobile Satellitenschüssel schaffen, die sich so auf dem Balkon abstellen lässt, dass sie von außen gar nicht sichtbar ist. Fehlt es nämlich sowohl an einem Eingriff in die Bausubstanz wie auch an einem solchen in den Hausfassadenanblick, ist eine Genehmigung des Vermieters nicht erforderlich.

Und auch ausländische Mieter haben gute Karten: Wer Wert auf Informationen aus dem Heimatland legt, kann sich auf die Informationsfreiheit berufen und die Zustimmung zum Satellitenfernsehen beanspruchen. Das Bedürfnis, sich über das Geschehen in heimatlichen Gefilden zu informieren, genießt gegenüber den Interessen der Wohnungseigentümer, eine «Verschandelung» der Hausfassade zu vermeiden, den Vorrang. Grenzenlos ist der Anspruch jedoch auch nicht: Können etwa bereits über Kabel-TV fünf Heimatprogramme empfangen werden, kann der Vermieter seine Zustimmung zur zusätzlichen Anbringung einer Satellitenschüssel in der Regel verweigern.

Und auch wenn die Zustimmung zur Parabolantenne erteilt ist, so gilt grundsätzlich: Den Ort der Anbringung kann – sofern freier Empfang gewährleistet ist – der Vermieter bestimmen. Zudem kann er eine fachmännische Montage der Satellitenschüssel einfordern, für deren Kosten der Mieter aufzukommen hat.

Fazit

Schlechte Aussichten für Fernseh-Fans, die eine möglichst umfangreiche Programmvielfalt genießen wollen: Sind Kabel oder DVB-T vorhanden, besteht in der Regel kein Anspruch auf Anbringung einer Satellitenschüssel. Dann überwiegt in aller Regel das Vermieterinteresse an einer jungfräulichen Hausfassade. Auswege bestehen nur in versteckten mobilen Satellitenschüsseln bzw. für ausländische Mitbürger, die auf den Empfang heimatsprachlicher Sender pochen können.

Rund ums Internet

Ebay: Handel mit Tücken

«3...2...1... Meins!» Nicht nur beim Käufer ist die Freude über die ersteigerte Ware groß. Oft hat auch der Verkäufer ein gutes Geschäft gemacht. Dieser aber ist immer häufiger kein professioneller Händler, sondern eine Privatperson, die die Haushaltskasse ein wenig aufbessern möchte.

Auf Dachböden oder in Kellern, Kleiderschränken und Kommodenschubladen findet sich allerlei mehr oder weniger Nützliches, mit dem sich der eine oder andere Euro zusätzlich verdienen lässt. Und ist der Unternehmergeist erst geweckt, endet, was mit Opas Münzsammlung begann, schnell bei immer regelmäßigeren Verkäufen im Online-Auktionshaus.

Und auf den Tischen von Finanz- und Gewerbeämtern. Denn die Grenze vom privaten zum gewerblichen Verkauf ist schnell überschritten – ohne dass die Betroffenen überhaupt ahnen, dass sie unternehmerisch tätig werden. Und damit Einkommens- und Gewerbesteuern abführen sowie ihren Käufern Gewährleistungs- und Widerrufsrechte einräumen müssten.

Wann genau das Unternehmerdasein seinen Anfang nimmt, sehen die Gerichte sehr unterschiedlich – was die Sache für Privatverkäufer natürlich nicht einfacher macht. Das Oberlandesgericht Koblenz etwa sah 250 Verkäufe eines Ebay-«Powersellers» in 31 Monaten als gewerblich an, das Oberlandesgericht Frankfurt konnte in 68 Verkäufen in acht Monaten einen Grenzbereich erkennen. Besonders gefährlich leben hauptstädtische Verkäufer: Das Landgericht Berlin vermochte bereits in 39 Online-Verkäufen innerhalb von fünf Monaten ein gewerbliches Handeln zu erblicken. Und auch die Mutter, die nach Entrümpelung ihrer Wohnung in einem Monat 93 Verkäufe tätigte, betrachtete es als Gewerbetreibende. In der Coburger Umgebung dagegen lässt sich großzügiger Handel treiben: Ein Privatmann, so das dortige Landgericht, sei noch kein Unternehmer, solange er die Kriterien eines Powersellers (mindestens 3000 € Umsatz oder wenigstens 300 verkaufte Artikel pro Monat) nicht erfülle.

Insbesondere wer Gegenstände kurz nach der Anschaffung wieder veräußert, regelmäßig Neuwaren feilbietet oder bereits hohe Gewinne erzielt, sollte einen Gang zum Steuerberater in Erwägung ziehen. Denn einer gewerblichen Tätigkeit mit Gewinnerzielungsabsicht nachzugehen, ohne sie zu melden, erfüllt den Tatbestand der Steuerhinterziehung. Und die Finanzämter sind alles andere als untätig: Mittels spezieller Programme durchleuchten sie die virtuellen Auktionshäuser und kommen dabei auch denjenigen auf die Spur, die unter mehreren Accounts handeln. Dann lieber doch einen Gewerbeschein beantragen.

Doch damit nicht genug: Zu weiteren Hürden für Privatverkäufer werden oftmals Marken- und Urheberrecht. Wer etwa von seiner Lederjacke behauptet, sie sähe dem klassischen Armani-Design zum Verwechseln ähnlich, gerät leicht mit dem erstgenannten Rechtsgebiet in Konflikt. Verkauft er tatsächlich seine gebrauchte Armani-Oberbekleidung, kann er den Markennamen natürlich nennen. Vor Vergleichen mit Markenprodukten sollte er sich allerdings hüten. Das Markenrecht soll die Firma vor unbefugter Verwendung ihres Namens schützen. Wer ihn ohne Erlaubnis zu Werbezwecken gebraucht, bringt sich selbst in Abmahnungsgefahr. Der Ausweg: Selbst kreativ werden und Kaufargumente erdenken.

Immer beliebter wird zudem, Werbe- oder Katalogfotos in die eigene Anzeige hineinzukopieren. Auch hier ist jedoch äußerste Vorsicht geboten, sind die Bilder doch nahezu durchgängig urheberrechtlich geschützt; besser also: Die kleine Mühe auf sich nehmen und selbst einen Schnappschuss des Kaufgegenstands machen.

Zur letzten Hürde auf dem Weg zum Verkaufserfolg schließlich können die sogenannten «Spaßbieter» werden: Denn sobald der Ersteigerer behauptet, er habe gar kein Gebot abgegeben, sieht es für den Verkäufer schlecht aus. Bereits mehreren Gerichtsentscheidungen zufolge trägt der Verkäufer das Risiko, wenn der Meistbietende die Ware letztendlich nicht abnimmt; Begründung etwa des Oberlandesgerichts Naumburg:[23] Ein Ausspähen des Passworts sei technisch ohne größere Schwierigkeiten möglich, sodass sich Unbekannte tatsächlich ohne Weiteres Zugang zum Account des Bieters verschafft und von dort mitgeboten haben könnten.

Fazit

Die Zahl derer, die ihr kleines Glück auf elektronischen Auktionsplattformen suchen, nimmt stetig zu. Doch ist der Verkauf der auf Dachböden oder in Kellern entdeckten Schätze nicht frei von Risiken und Nebenwirkungen: Wer regelmäßig Handelt treibt, wird unversehens zum Gewerbetreibenden. Und muss sich dann mit Finanzamt oder Wettbewerbern herumplagen. Daneben lauern Urheber- und Markenrechtsfallstricke. Grundsätzlich gilt also: Augen auf beim Internetverkauf.

Online-Banking: Gefahr fürs Ersparte?

Circa 40% der Bankkunden in Deutschland wickeln Überweisungen, Kontostandsabfragen u. s. w. mittlerweile per Internet ab – und es werden immer mehr. Online-Banking vom heimischen Arbeitszimmer aus ist vor allem eines: bequem. Doch erfreut es sich nicht nur unter Bankkunden immer größerer Beliebtheit – Kriminellen ergeht es ebenso. Kaum ein Emailnutzer, der noch nie eine vermeintlich offizielle Nachricht von Banken oder Sparkassen erhalten hätte: Mal soll eine eilige Verifikation der Kreditkarte durchgeführt werden – obwohl der User eine solche vielleicht gar nicht sein Eigen nennt. Oder eine Bank bittet um eine «dringende Überprüfung der Kundendaten» – obgleich man noch nie ein Konto bei ihr besessen hat. Was steckt dahinter?

Drei Daten muss der Bankkunde beim Online-Banking in der Regel eingeben: Kontonummer, Persönliche Identifikationsnummer (PIN) sowie eine Transaktionsnummer (TAN) für den einzelnen Auftrag an die Bank. Eben diese drei Daten benötigt auch der

Kriminelle, um den elektronischen Sparstrumpf des Kunden zu erleichtern. Die beliebteste Methode, an sie heranzukommen, nennt sich «Phishing». Das hört sich nach «fischen» an – und im übertragenen Sinne geht es genau darum. Allein die Beute besteht anders als gewohnt nicht aus Kiemen und Schuppen, sondern aus Zahlen und Buchstaben, die in ihrer Abfolge PINs oder TANs ergeben.

Der etwas andere Angelsport beginnt stets auf die gleiche Weise: Der Phisher verschickt eine Email, die vorgibt, von einem Kreditinstitut zu stammen. Die Nachricht fordert den Empfänger unter einem Vorwand auf, eine vermeintliche Bankenwebsite zu besuchen und dort seine geheimen Daten einzugeben: Sei es, dass ein «neuartiges Sicherheitskonzept» wirksam werden müsse, die Kundendaten angeblich verloren gegangen seien oder eine wichtige Aktualisierung erforderlich werde – die kriminelle Kreativität kennt hier keine Grenzen. Und wurde früher oft mit grausiger Grammatik und obskurer Orthographie gefischt, so sind die heutigen Köder

Ṡ Sparkasse

Sehr geehrter Kunde,

Da gegenwärtig die Betrügereien mit den Bankkonten von unseren Kundschaften öfters zustande kommen, sind wir genötigt, nachträglich eine zusätzliche Autorisation von den Kunden der Stadtsparkasse München durchzuführen.

Der Sicherheitsdienst von der Stadtsparkasse München hat die Entscheidung getroffen, ein neues Datensicherheitssystem einzuführen. Im Zusammenhang damit wurden von unseren Fachleuten sowohl die Protokolle der Informationsübertragung, als auch die Methode der Kodierung der übertragenen Daten neu erstellt.

Infolgedessen bitten wir Sie, eine spezielle **Form der zusätzlichen Autorisation** auszufüllen.

> **FORM AUSFÜLLEN**

Diese Sicherheitsregeln wurden nur zum Schutz der Interessen von unseren Kunden eingesetzt.

Danke für Ihre Zusammenarbeit,
Administration der Stadtsparkasse München

© 2005 Stadtsparkasse München

Phishing-Versuch. Auf einer offiziell anmutenden Phisher-Webseite soll der Kunde seine Geheimdaten eingeben – und das bitte möglichst schnell.

weitaus appetitlicher: Die betrügerischen Emails glänzen durch dudensicheres Deutsch – und die nachgeahmten Bankenseiten gleichen den Originalen wie ein Ei dem anderen.

Zwar gehen die Phisher meist nach dem Zufallsprinzip vor, sodass die Mails oft beim falschen Empfänger landen – eine angebliche Postbanknachricht also beim Citibankkunden o. ä. Was aber, wenn die Mail vermeintlich tatsächlich von der eigenen Hausbank stammt? Schon so mancher hat den vorgeblich seriösen Seiten seine Geheimnisse anvertraut – mit der immer gleichen Folge: einem leergeräumten Konto.

Ist das Malheur passiert, gilt: Nicht schämen – selbst Banker sollen schon auf die täuschend echt aussehenden Mails hereingefallen sein. Lieber schnell handeln: Wer sofort seine PIN ändert, kann dem Täter zuvorkommen und ihn wieder aussperren. Außerdem schnellstmöglich die eigene Bank informieren; unter Umständen gelingt es, dass sie die ergaunerte Überweisung nicht ausführt. Ansonsten Strafanzeige stellen. Phishing ist als Computerbetrug gemäß § 263 a des Strafgesetzbuchs mit bis zu mehreren Jahren Haft bedroht.

Die Strafverfolgung erschwert allerdings, dass die Täter in der Regel vom Ausland aus operieren. Und auch das in dunklen Kanälen entschwundene Geld ist meist endgültig weg: In den Kindertagen des Phishing zeigten sich die Banken meist kulant und übernahmen den Schaden. Heute verweisen sie auf ihre Warnungen vor Onlinebetrügern und lehnen jegliche Ersatzforderungen ab. Es empfiehlt sich also vor allem eines: vorbeugen. Dafür genügt in erster Linie schon das Bewusstsein, dass Banken und Sparkassen bedeutsamen Schriftverkehr stets per Post erledigen. Allenfalls Werbemails könnten einmal den Weg auf den heimischen Computerbildschirm finden. Gibt die Nachricht eine solche Dringlichkeit vor, dass Sie trotz dieses Wissens eines gewissen Unbehagens nicht Herr werden, so gilt: Den Bankberater kontaktieren und nachfragen; dieser wird beruhigende Worte finden. Und noch ein Rat: Tippen Sie die Webadresse Ihrer Bank stets vollständig per Hand ein – so schützen Sie sich vor Manipulationen durch Trojaner oder Würmer.

Wer die Sicherheit beim Online-Banking noch weiter erhöhen möchte, kann sich bei seiner Bank über HCBI (Homebanking

Computer Interface) oder Fin-TS (Financial Transactions Service) informieren. Dabei handelt es sich um Chipkartensysteme, die den fremden Zugriff aufs Online-Konto nahezu unmöglich machen. Benötigt werden dafür allerdings eine spezielle Homebanking-Software, eine Chipkarte sowie ein Lesegerät, die zusammengenommen ca. 100 Euro kosten. Wer die Bequemlichkeit von Bankgeschäften per Internet schätzt, mögliche Risiken aber weitgehend ausschließen möchte, sollte sich diese Möglichkeit durch den Kopf gehen lassen.

Fazit

Absolute Sicherheit wird es beim Online-Banking nicht geben. Aber auch am guten alten Kontoautomaten können Sie überfallen und Ihres Ersparten beraubt werden. Ein wenig Vorsicht sollte bereits genügen: Keine seriöse Bank verlangt von ihren Kunden, am Bildschirm ihre Geheimdaten preiszugeben. Mit dieser Einsicht gewappnet, dürften Sie den Phishern also kaum ins Netz gehen.

Achtung: Eigene Homepage!

Der persönliche Internetauftritt – für viele User ein kleiner Traum. Möglichst attraktiv soll er sein, in schönsten Farben erstrahlen, Geistreiches enthalten, den Surfer in Zeiten blitzschneller Doppelklicks und flüchtiger Aufmerksamkeitsspannen so lange wie möglich gefangen nehmen. Doch schon so manchem Webneuling sind juristische Online-Fallstricke zum Verhängnis und die eigene Internetseite zum finanziellen Desaster geraten. Eine unbekümmert kopierte Graphik, die fehlende Angabe einer Telefonnummer oder ein gedankenlos gesetzter Link – auch kleine Unachtsamkeiten bergen erhebliche Risiken: Urheber-, Wettbewerbs- oder Lizenzrechtsbestimmungen können die anfängliche Freude über die eigene Homepage schnell in Betrübnis verwandeln.

Fremde Fotos, Grafiken, Texte, Soundeffekte Die richtige Würze für die eigene Homepage – so mancher Online-Bastler sucht sie auf fremden Internetseiten. Und übernimmt bedenkenlos deren Inhalte. Horrende Forderungen von Lizenzgebühren oder wegen Urheberrechtsverletzungen sind oft die Folge. Selbst das Persönlichkeitsrecht kann der Nutzung etwa von Fotos entgegenstehen. In der Öffentlichkeit darf niemand ungefragt abgebildet werden. Wer also etwa mit Thomas Gottschalks Lächeln zum Besuch der eigenen Homepage einlädt, verletzt dessen Persönlichkeitsrecht. Grundsätzlich heißt es daher: Ein Bild sagt zwar mehr als tausend Worte, aber es sollte entweder selbst aufgenommen oder nur mit Erlaubnis des Urhebers bzw. der abgebildeten Person ins Netz gestellt werden.

Impressumsangaben Herr Maier ist Dackelfreund. Um auch die Außenwelt an seiner Leidenschaft teilhaben zu lassen, lichtet er seine Lieblinge regelmäßig ab und stellt die Bilder auf die tierliebevoll kreierte Website. Als Dackeldame «Daisy» eines Tages acht winzigen Vierbeinern das Leben schenkt, sieht Maier sich außerstande, sie alle in seiner Einzimmerwohnung unterzubringen. Ein neues Zuhause muss her, und da im Sparstrumpf gerade Leere herrscht, verfällt er auf die Idee, einen Teil des Nachwuchs' im Internet feilzubieten. Eine Telefonnummer ist auf seiner Homepage zwar nicht vorhanden, aber, so meint er, man könne ihn ja über die angegebene Emailadresse oder per Post erreichen.

Doch alles, was in den nächsten Tagen ins Haus flattert, ist ein anwaltliches Schreiben. Versehen mit einer stattlichen Kostennote, fordert der Rechtsanwalt ihn im Namen eines gewerblichen Internet-Dackelhändlers auf, künftige Wettbewerbsverstöße zu unterlassen. Maier versteht die schöne neue Online-Welt nicht mehr.

Verständliche Verständnislosigkeit. Denn welche Privatperson kennt sich schon in den Untiefen des Telemediengesetzes aus? Dort ist in § 5 Folgendes geregelt: Homepagebetreiber müssen für geschäftsmäßig angebotene Telemedien bestimmte Informationen verfügbar halten, und zwar leicht erkennbar, unmittelbar erreichbar und ständig. Zu diesen Informationen gehören beispielsweise Name und Anschrift sowie Angaben zur schnellen Kontaktaufnahme, also Telefonnummer, Emailadresse und – soweit vorhanden – Faxnummer. Die Auskünfte müssen unter dem Stichwort «Impressum» oder «Kontakt» aufgeführt sein. Zweck der Vorschrift ist vor allem, Internetsurfern im Streitfalle ihre Rechtsverfolgung zu erleichtern, was ohne entsprechende Kontaktdaten kaum möglich wäre. Zwar schreibt § 5 des Telemediengesetzes die Informationspflicht nur für «geschäftsmäßig» betriebene Webseiten vor. Stellt man also zu rein privaten oder familiären Zwecken eine Homepage ins Netz, sind keine Angaben erforderlich. Doch ist die Grenze schnell überschritten: Denn schon wer wie Maier Dackelsprösslinge veräußert oder sein Taschengeld über Werbebanner auf der eigenen Homepage aufbessert, handelt «geschäftsmäßig». Und vergisst er dann etwa, die eigene Telefonnummer zu nennen, kann der Blick in den Briefkasten schnell zum Albtraum werden: wenn sich dort nämlich eine anwaltliche Abmahnung mit gewichtiger Gebührenrechnung findet.

Links An jeder virtuellen Ecke sind sie zu finden: die sogenannten Disclaimer. «Das Landgericht Hamburg hat mit Urteil vom 12. Mai 1998 entschieden, dass ... Hiermit distanziere ich mich ausdrücklich von allen verlinkten Seiten.» So oder ähnlich wird sich allerorten abgegrenzt, losgesagt und Abstand gewahrt. Sinn der Übung: für die gesetzten Links nicht haften zu müssen. Denn wer auf rechtswidrige Inhalte verweist, kann dafür ggf. selbst verantwortlich gemacht werden. Die Verlinkung auf eine Seite etwa, die volksverhetzende Aussagen enthält, kann unter Umständen zu eigener Strafbarkeit führen.

Ausgelöst hat die Distanzierungshysterie besagtes Urteil des Landgerichts Hamburg aus dem zurückliegenden Jahrhundert. Genauer gesagt: dessen Fehlinterpretation. Denn nach Ansicht der Richter kam es gerade nicht auf eine Distanzierung, sondern die Würdigung der Gesamtumstände an. Verlinkt eine Menschenrechtsorganisation auf eine Website mit rassistischen Inhalten, gegen die sie vozugehen gedenkt, kann sie für dortige Äußerungen natürlich nicht haftbar gemacht werden; anders ist es, wenn die Homepage, auf der der Link zu finden ist, entsprechenden Ansichten selbst nahesteht.

Um einer möglichen Haftung für gesetzte Links entgegenzuwirken, empfiehlt sich statt eines Disclaimers zweierlei: die Verweise klar als extern kennzeichnen sowie ab und an eine kurze Überprüfung der fremden Seiten vornehmen. So lässt sich auch so manche Ungereimtheit vermeiden: Denn auf die «tolle Website» des besten Freundes «mit den stimmungsvollen Urlaubsfotos» zu verweisen, um sich im nächsten Atemzug ausdrücklich davon zu distanzieren, wirkt meist ein wenig kurios.

Fazit

Fallstricke bietet das Internet für Webseitenschöpfer reichlich. Doch lässt sich der juristische Drahtseilakt durchaus meistern, und zwar schon mit einigen einfachen Grundregeln: fremde Fotos, Grafiken oder Texte nicht ohne Erlaubnis übernehmen, beim ersten Anflug von möglicher Geschäftstätigkeit Kontaktdaten angeben, Links kennzeichnen und regelmäßig überprüfen. Und dann ungebremst das WWW erobern.

Tauschbörsen: Download erlaubt?

Kazaa, Emule, BitTorrent und eDonkey – was einige wie fremdländische Verwünschungen anmutet, ist jedem Internetroutinier ein Begriff: die Tauschbörsen. Musik, Filme, Computerspiele, was auch immer das Herz begehrt, es lässt sich dem Internet entlocken. Und das Schönste daran: komplett kostenfrei.

Die virtuellen Tauschmärkte funktionieren folgendermaßen: Mittels eines etwa der oben erwähnten Programme lassen sich Musik-, Videodateien etc. suchen und aufspüren, die andere Tauschbörsenmitglieder auf ihrem Computer gespeichert haben. Ein Klick, und schon werden sie auf den eigenen Rechner heruntergeladen. Die nunmehr auf dem eigenen Computer vorhandene Datei können sich wiederum andere Nutzer herunterladen und so weiter und so fort.

Zu schön, um wahr (und rechtens) zu sein? Ja und nein. Der von Musik- und Filmindustrie immer wieder als «illegal» gebrandmarkte Dateientausch war rechtlich bislang keineswegs so eindeutig zu beurteilen. Durch eine Urheberrechtsnovelle, die ab 2008 greift, hat der Gesetzgeber allerdings nunmehr veränderte Vorgaben geschaffen.

Hier zunächst die Rechtslage bis Ende 2007 – für alle diejenigen, die bis dahin eifrig getauscht haben und daher bis heute eine unbehagliche Furcht vor später juristischer Konsequenz verspüren:

Von grundsätzlicher Bedeutung war die Unterscheidung, ob man eine Musik- bzw. Filmdatei herunterlud oder sie in der Tauschbörse zur Verfügung stellte. Das Herunterladen etwa eines Musiktitels war in den Augen des Juristen zunächst einmal gleichbedeutend mit dem Kopieren einer Musik-CD: Solange dies lediglich zum privaten Gebrauch geschah, war es erlaubt. Wer also nicht vorhatte, die Songs aus dem Internet auf CD zu brennen und damit auf dem Flohmarkt reich zu werden, musste nichts befürchten: Herunterladen (unter Sachkundigen: «Download») für den Hausgebrauch war grundsätzlich nicht verboten.

Keine Regel jedoch ohne Ausnahme: War die im Tauschmarkt angebotene Vorlage «offensichtlich rechtswidrig hergestellt», durfte auch ein Download für private Zwecke nicht erfolgen. Im Klartext: Wer im Internet dem brandneuen Tom-Cruise-Thriller begegnete, der gerade die Kinokassen füllte, sollte besser die Finger davon lassen. Da der Film noch gar nicht auf dem Markt angeboten wurde, konnte man davon ausgehen, dass die im Internet angebotene Datei «offensichtlich rechtswidrig hergestellt» worden war – höchstwahrscheinlich mit einem von nervösen Händen gestützten Camcorder in der letzten Reihe des Kinosaals.

Stellte man dagegen urheberrechtlich geschützte Musik- oder Filmdateien zum Herunterladen zur Verfügung (sogenannter «Upload»), so war dies stets unerlaubt. Der Grund: Sie wurden nicht nur für den Privatgebrauch genutzt, sondern einer breiten Masse zugänglich gemacht. Die rechtliche Tücke vieler Tauschmarktprogramme lag und liegt jedoch gerade darin, dass die soeben heruntergeladenen Dateien automatisch den anderen Internetnutzern zum Download dargeboten werden. Denn hierin besteht das Prinzip der Tauschbörsen: Ihre Mitglieder stellen sich gegenseitig ihren Dateienbestand zur Verfügung, um so einen nahezu unerschöpflichen Fundus an Musik und Filmen zu erschaffen.

Zusammengefasst galt also der Grundsatz: Download legal, Upload illegal – wobei sich letzterer aufgrund der Tauschbörsenfunktionsweise in vielen Fällen kaum vermeiden ließ.

Mit dem «2. Korb der Urheberrechtsnovelle» haben Bundestag und Bundesrat nun auch dem Download einen rechtlichen Riegel vorgeschoben: Ab 2008 ist das Herunterladen von geschützten Film-, Musik- oder Textdateien fremder Urheber grundsätzlich untersagt. Nicht wenige Juristen rechnen daher für die folgenden Jahre mit einer Welle der Verfolgung virtueller «Missetaten».

Up- und Download unerlaubt – welch Ungemach aber droht demjenigen, der es dennoch tut? Unterscheiden lassen sich zivilrechtliche und strafrechtliche Konsequenzen:

Zivilrechtlich droht vor allem ein Vorgehen der Musik- und Filmindustrie. Sie veröffentlicht regelmäßig monströse Zahlenungeheuer, um ihre Verluste durch Tauschbörsen nachzuweisen. Deren Berechnung jedoch ist meist ebenso simpel wie falsch: Denn der kostenfreie Tauschbörsen-Download von 100 Millionen Musikstücken, die ansonsten für einen Euro pro Stück zu haben gewesen wären, ergibt nur dann einen Verlust von 100 Millionen Euro, wenn man annimmt, dass die Nutzer sämtliche Songs auch käuflich erworben hätten. Eine Milchmädchenrechnung also (vorausgesetzt, dass Milchmädchen tatsächlich mathematisch minderbemittelt sind). Dass dennoch Verluste entstehen, ist gewiss möglich – auch wenn Studien insofern kein eindeutiges Ergebnis erbrachten. Entsprechend massiv geht die Musik- und Filmbranche vor: Immer wieder sehen sich «Tauschbörsianer» Schadensersatz- und Unterlassungsklagen ausgesetzt. Ein abschreckendes Exempel lässt sich dabei vor allem an denjenigen statuieren, die besonders viele geschützte Dateien im Netz bereitstellen. Die Schadensersatzsumme nämlich hängt von deren Anzahl ab: Wer 100 geschützte Ohrwürmer anbietet, muss 100mal höheren Schadensersatz zahlen als derjenige, der sich mit einem begnügt.

Zu der zivilrechtlichen Heimsuchung gesellt sich meist noch strafrechtliches Unheil: Auf entsprechende Anzeige hin wird der Staatsanwalt tätig. Mögliche Folge: die Verurteilung zu Geld- oder Freiheitsstrafe – ein Fall von letzterer ist in Deutschland bislang allerdings nicht publik geworden.

Fazit

Der Bummel über den elektronischen Tauschbasar wird immer riskanter: War bis 2007 das Herunterladen noch gestattet, sind ab 2008 sowohl Up- wie auch Downloads unerlaubt. Und die Sanktionen für Urheberrechtsverletzungen sind streng: Zivilrechtlich drohen Unterlassungs- und Schadensersatzforderungen, strafrechtlich Geld- oder gar Freiheitsstrafen.

In Sicherheit sollte sich aufgrund der vermeintlichen Anonymität des Internets niemand wiegen: Mittels spezieller Software lassen sich die IP-Adressen der Tauschbörsianer ermitteln, die über eine Auskunft des Providers tatsächlichen Namen zugeordnet werden können.

Wer dem Internet Musik oder Filme entlocken möchte, kann dies ohne Risiken und Nebenwirkungen nur noch auf kostenpflichtigen Angebotsseiten tun.

Rund um den Rechtsstreit

Scheu vor den Kosten eines Rechtsstreits –
berechtigt oder nicht?

Kündigung, Bußgeldbescheid, Mieterhöhung oder Verkehrsunfall
– rechtliche Auseinandersetzungen lauern überall. Wer in eine
solche gerät, muss sich Gedanken über die Durchsetzung seiner
Rechte machen.

Vor der Entscheidung jedoch, Anwälte und Gerichte zu be-
mühen, steht zunächst die Frage nach den Kosten. Die Angst vor
dem tiefen Griff in die eigene Tasche ist weitverbreitet – ebenso wie
die Furcht vor langwierigen Prozessen, an deren Ende vielleicht
noch nicht einmal Genugtuung steht. Aber deshalb von vornherein
auf die eigenen Rechte verzichten? Auch keine gute Idee.

Pauschal beantworten lässt sich die Frage nach den Kosten einer
juristischen Auseinandersetzung leider nicht. Schon die Frage nach
dem einschlägigen Rechtsgebiet ist insofern ausschlaggebend:
Zivil-, Straf-, Arbeits-, Sozial- oder Verwaltungsrecht sind nur
einige von ihnen. Je nachdem, auf welchem Gebiet der Streit sich
abspielt, können ganz unterschiedliche Regeln greifen.

Grundsätzlich trennen lassen sich außergerichtliche Kosten und
Prozesskosten. Prozesskosten fallen an, wenn der Zwist vor Gericht ausgetragen wird. Außergerichtliche Ausgaben sind all diejenigen, die vor einem etwaigen Gang zu Gericht entstehen.

Angefangen mit den eigenen Aufwendungen etwa für das Versenden von Briefen, fallen darunter je nach den Umständen etwa
auch die Gebühren von Verwaltungsbehörden oder die Sachver-
ständigenkosten für ein Verkehrsunfallgutachten. In erster Linie
aber können bereits «außergerichtlich» Rechtsanwaltskosten anfal-
len. Denn meist sucht, wer in ernsthaften rechtlichen Schwierig-

keiten steckt, professionellen Rat. Seine Gebühren berechnet der Jurist nach dem Rechtsanwaltsvergütungsgesetz (RVG) – ein relativ neues Gesetz mit einer Vielzahl von Gebührenregeln, das selbst für Rechtsanwälte nicht ganz leicht zu durchschauen ist. Die Höhe der Gebühr richtet sich nach Gebiet und Tätigkeit des Rechtsbeistands. Verbraucher sehen sich am häufigsten mit zivilrechtlichen Auseinandersetzungen konfrontiert, etwa nach Verkehrsunfällen, in Mietsachen oder Nachbarschaftsfragen. Für sie alle gilt: Je höher der sogenannte «Streitwert», desto höher auch die entstehenden Rechtsverfolgungskosten. Wer 100 Euro eines nicht zurückgezahlten Darlehens einklagen will, wird weniger aufwenden müssen als derjenige, der von einem Händler 10 000 Euro beansprucht, weil die neue Waschmaschine im ganzen Haus Wasserschäden angerichtet hat.

Wichtig zu wissen: Die Gebühr für die Erstberatung beim Anwalt ist Verhandlungssache. Einige Kanzleien bieten sie für bestimmte Rechtsgebiete bereits ab 20 Euro an. Mehr als 190 Euro plus Steuer darf die Erstberatung von Gesetzes wegen nicht kosten. Innerhalb dieses Rahmens können Sie Ihrem Verhandlungsgeschick also freien Lauf lassen. Was keineswegs anrüchig ist: Wer eine Ware erwerben möchte, will schließlich auch den günstigsten Preis dafür erzielen.

Ein kleiner Tipp, wenn Sie sich für einen Beistand entschieden haben: Schicken Sie diesem wichtige Unterlagen am besten vorab in Kopie, sodass er sich auf das Gespräch vorbereiten kann und der Termin nicht über Papier gebeugt verstreicht. Von großer Bedeutung ist, während des Treffens die Erfolgsaussichten der Rechtsverfolgung zu erörtern. Stehen selbige gut und bringen Sie dem Anwalt Vertrauen entgegen, können Sie ihn mit der weiteren Kommunikation mit der Gegenseite beauftragen. Dafür darf er Vertretungsgebühren nach dem Rechtsanwaltsvergütungsgesetz berechnen. Hinsichtlich deren Höhe heißt es: Nachfragen.

Zeigt sich die Gegenseite uneinsichtig, kommt es zum Gerichtsverfahren – und damit zu Prozesskosten. Zu den Anwaltsgebühren, die sich durch das Gerichtsverfahren erhöhen, treten jetzt noch Gerichtskosten hinzu. In zivilrechtlichen Streitigkeiten ist für deren Höhe wiederum der Streitwert maßgeblich. Hier müssen Sie die

Gerichtskosten außerdem vorschießen, da das Verfahren sonst gar nicht eingeleitet wird.

Wie viel am Ende herauskommt, hängt vom Einzelfall und dessen Entwicklung ab: Auslagen für Zeugen oder Sachverständige etwa können das Verfahren nochmals verteuern. Zur Kasse gebeten wird am Schluss allerdings grundsätzlich nur, wer im Prozess unterliegt. Er muss die Gerichtskosten, den eigenen Rechtsanwalt sowie die gegnerischen Auslagen für dessen Beistand zahlen. Wer obsiegt, braucht das eigene Konto also gar nicht zu belasten. Bei einem Teilerfolg werden die Kosten entsprechend der Verteilung von Sieg und Niederlage unter den Parteien aufgeteilt: Wer etwa von 100 eingeklagten Euro 70 zugesprochen bekommt, muss 30 Prozent der Gesamtkosten tragen, sein Gegner 70 Prozent.

Fazit

Zweifellos: Ein Rechtsstreit kann teuer werden. Insbesondere der Gang vor Gericht kann den Sparstrumpf stark strapazieren. Geht es um kleinere Beträge, empfiehlt sich daher oft, den Schriftwechsel mit der Gegenseite selbst in die Hand zu nehmen und möglichst bereits eine außergerichtliche Einigung zu suchen.

In gewichtigeren Angelegenheiten sollte dagegen professioneller Rechtsrat in Anspruch genommen werden: Den Anwalt können Sie auch befragen, wie es mit den Erfolgsperspektiven in der Sache bestellt ist – und damit also der Chance, gar nicht in die eigene Tasche greifen zu müssen.

Staatliche Hilfestellung: Beratungsschein und Prozesskostenhilfe

Recht haben und Recht bekommen – bekanntlich oft zweierlei Paar Schuhe. Vor allem, wenn man sich die Kosten vor Augen führt, die ein Rechtsstreit so mit sich bringen kann. Was nämlich, wenn das eigene Einkommen gering oder möglicherweise gar nicht vorhanden und auch der Sparstrumpf leer ist? Heißt das, die eigenen Rechte nicht durchsetzen zu können? Nein. Für diese Fälle stellt der Staat Beratungshilfe und Prozesskostenhilfe zur Verfügung.

Niemand soll aus finanzieller Not auf die Durchsetzung seiner Rechte verzichten müssen.

Beratungshilfe Befindet man sich in rechtlicher Verlegenheit, steht meist zunächst der Gang zum Fachmann, dem Rechtsanwalt, an. Dieser gibt Rat und setzt sich – wenn nötig – mit der Gegenseite in Verbindung. Liegen bei Ihnen die Voraussetzungen für Beratungshilfe vor, kostet Sie diese anwaltliche Tätigkeit lediglich 10 Euro (die Ihnen Ihr Anwalt auch erlassen kann); weitere Gebühren und Auslagen erhält der Anwalt aus der Staatskasse. Sie müssen also nicht etwa wegen Ihrer Finanzlage selbst scharfzüngige Briefe entwerfen oder bitterböse Telefonate führen.

Wann aber liegen die Voraussetzungen für eine Beratungshilfe vor? Wenn Ihr, so die Fachsprache der Juristerei, «einzusetzendes Einkommen» unter 15 Euro im Monat liegt. Und das ist wiederum wann der Fall? Zum einen in aller Regel dann, wenn Sie Sozialleistungen beziehen. Ansonsten berechnet sich das einzusetzende Einkommen folgendermaßen: Von den eigenen Einkünften werden ca. 380 Euro Freibetrag für Sie selbst sowie weitere Abzüge wie Steuern, Miete, Unterhaltszahlungen u. s. w. abgezogen. Liegt das Ergebnis unter 15 Euro, sind Sie beratungshilfeberechtigt. Ein simples Beispiel: Michael Mustermensch verdient 600 Euro im Monat und zahlt 220 Euro Miete. Zieht man von den 600 Euro Verdienst den Freibetrag von 380 Euro für Herrn Mustermensch selbst sowie 220 Euro Miete ab, so erkennt man unschwer: Er kann Beratungshilfe in Anspruch nehmen.

Beantragen kann er sie wie folgt: Entweder er begibt sich zum Amtsgericht und legt dem zuständigen Rechtspfleger sein Rechtsproblem und seine wirtschaftlichen Verhältnisse dar. Dort erhält er dann einen Berechtigungsschein, mit dem er den Anwalt seiner Wahl konsultieren kann. Ebenso gut möglich ist es jedoch, gleich den Anwalt aufzusuchen und ihn zu bitten, den Beratungshilfeantrag an das Amtsgericht zu stellen.

Wichtig: Die Beratungshilfe umfasst nur die «außergerichtliche» Beratung und Vertretung durch einen Rechtsanwalt. Kommt es zu einem Gerichtsverfahren, hilft nur unser nächstes Stichwort weiter:

Prozesskostenhilfe Wenn die Fronten verhärtet sind und außergerichtlich keine Einigung erzielt werden kann, kommt es zu einem Gerichtsverfahren – und damit zu weiteren Anwalts- sowie Gerichtskosten. Damit der wirtschaftlich Schwache aber auch vor Gericht seine Rechte wahrnehmen kann, gewährt der Staat Prozesskostenhilfe (PKH). Sie umfasst grundsätzlich sowohl Gerichts- wie auch Anwaltskosten; bei Verlust des Rechtsstreits müssen Sie jedoch, selbst wenn PKH bewilligt wurde, die Kosten des gegnerischen Rechtsanwalts tragen. Völlig risikolos wird die ganze Angelegenheit durch die Prozesskostenhilfe also nicht.

Deren Voraussetzungen ähneln denen der Beratungshilfe: Wer über weniger als 15 Euro einzusetzendes Einkommen verfügt, ist von jeglicher Zahlung gänzlich befreit. Wer ein wenig mehr hat, darf die Prozesskosten in Raten abbezahlen. Weitere Voraussetzung jedoch: Die Rechtsverfolgung muss hinreichende Aussicht auf Erfolg bieten. Verständlicherweise ist der Staat wenig geneigt, aussichtslose Prozesse zu finanzieren.

Fazit

Guter Rat muss nicht teuer sein. Befinden Sie sich in einem finanziellen Engpass und rechtlichen Schwierigkeiten, sollten Sie prüfen, ob Sie einen Anspruch auf Beratungs- bzw. Prozesskostenhilfe haben. Das örtliche Amtsgericht, Ihr Anwalt oder die nächste Verbraucherzentrale werden Sie gerne beraten.

Der richtige Anwalt

Circa 140 000 zugelassene Rechtsanwälte tummeln sich in bundesdeutschen Gefilden – Advokaten gibt es hierzulande also wie Sand am Meer. Keine leichte Aufgabe, unter dieser Menge den richtigen ausfindig zu machen. Der richtige soll es aber möglichst sein, denn oftmals steht – zumindest finanziell – einiges auf dem Spiel. Doch wodurch zeichnet sich ein guter Anwalt aus? Die wohl häufigsten wie wichtigsten Kriterien sind folgende:

Empfehlungen von Bekannten Viele erkundigen sich zunächst einmal in ihrem Umfeld. Und vertrauen Familienmitglieder, Freunde, Bekannte, Nachbarn oder Arbeitskollegen einem bestimmten Rechtsbeistand schon seit geraumer Zeit, ist die Wahrscheinlichkeit groß, dass auch Sie sich gut bei ihm aufgehoben fühlen werden. Zwingend ist das allerdings nicht: Hat der Anwalt etwa beim Verkehrsunfall des besten Freundes ein unerwartet hohes Schmerzensgeld herausgeholt, bedeutet das nicht unbedingt, dass er auch mit Scheidungsverfahren umzugehen weiß.

Wohlfühlfaktor Ganz entscheidend: die psychologische Ebene. Denn rechtliches Können und Fachwissen des eigenen Anwalts kann der Laie naturgemäß nur eingeschränkt beurteilen. Es zählt die gefühlte Qualität: Den Gang zum Anwalt tritt niemand ohne Weiteres an, viele Mandanten befinden sich in Krisensituationen – und bedürfen oft auch eines gewissen Grads an persönlicher Zuwendung. Auf der emotionalen Ebene lauten die entscheidenden Fragen: Fühle ich mich hier gut aufgehoben? Nimmt mein Anwalt sich Zeit für mich? Kann ich ihm vertrauen? Und insbesondere auch: Macht er mir die Rechtslage verständlich? Ebenso wenig wie Sie Ihren Arzt von «Rhinitis acuta» (sondern lieber von Schnupfen) reden hören wollen, soll Ihr Rechtsbeistand anwältisch mit Ihnen parlieren – und mit Begriffen wie Drittschadensliquidation oder gestörtem Gesamtschuldverhältnis jedes Verständnis für den eigenen Fall im Keim ersticken.

Ein objektiv messbarer Teil des Wohlfühlfaktors schließlich ist der Service der gewählten Kanzlei, etwa: Versendet der Anwalt innerhalb kurzer Zeit Kopien des Schriftverkehrs mit Gegenseite und Gericht? Ruft er kurzfristig zurück, wenn er bei Ihrem Anruf nicht erreichbar war? Berät er ausführlich über Chancen und Risiken eines Prozesses?

Fachrichtungen Ärger mit dem Nachbarn, Streit mit dem Vermieter, Familienfehden oder die Kündigung des Arbeitgebers; kein Anwalt kann sich auf allen Gebieten überhaupt – geschweige denn gleich gut – auskennen. Zwar erlaubt die Zulassung zum Rechtsanwalt grundsätzlich, auf allen Rechtsgebieten beratend tätig zu werden. Wer jedoch Feld, Wald und Wiese beackert, sich also nicht festlegt, wird kaum irgendwo profunde Spezialkenntnisse erlangen. Für viele Anwälte gilt daher schon heute die Devise: Spezialist statt Allrounder. Schlägt man die Gelben Seiten auf, finden sich neben der allgemeinen Kategorie für «Rechtsanwälte» noch eine solche für «Fachanwälte» sowie eine dritte, die mit «Schwerpunkte» überschrieben ist.

Fachanwaltstitel sind erst vor einigen Jahren eingeführt worden. Ähnlich den Facharztbezeichnungen, sollen sie eine Spezialisierung des Anwalts auf bestimmte Gebiete zum Ausdruck bringen. Erst wer eine gewisse Anzahl von Fällen im entsprechenden Bereich sowie eine Fachprüfung hinter sich gebracht hat, darf sich Fachanwalt nennen. Zudem sind von Zeit zu Zeit Nachschulungen vorgeschrieben. Fachanwälte gibt es etwa für folgende verbraucherrelevante Felder:

- Verkehrsrecht
- Arbeitsrecht
- Familienrecht
- Miet- und Wohnungseigentumsrecht
- Medizinrecht
- Verwaltungsrecht
- Erbrecht
- Strafrecht
- Sozialrecht

Die «Schwerpunkte», die die Gelben Seiten regelmäßig nach den Fachanwaltsbezeichnungen aufführen, lassen sich in Tätigkeits- und Interessenschwerpunkte unterteilen: Erstere bezeichnen Rechtsgebiete, auf denen der Anwalt nach eigenen Angaben seit mindestens zwei Jahren nachhaltig tätig geworden ist, während die Interessenschwerpunkte lediglich wiedergeben, dass sich der Jurist für ein bestimmtes Gebiet begeistern kann. Beide Angaben nutzen Anwälte, um den Mandanten ihre Vorlieben aufzuzeigen. Ob sie auf diesen Gebieten tatsächlich bewandert sind, ergibt sich daraus nicht.

Wer die Fachrichtung zum ausschlaggebenden Kriterium machen möchte, sollte sich also zunächst klar werden, auf welchem Feld er einen Anwalt braucht: Scheidungsverfahren bemessen sich nach Familienrecht, Beamtenentlassungen nach Verwaltungsrecht etc. Ist das maßgebliche Gebiet herausgefiltert, lässt sich der passende Jurist leicht auswählen.

Anwaltsanschriften Und wo finde ich den richtigen Anwalt? Advokatenadressen lassen sich Gelben Seiten oder Telefonbüchern, aber auch speziellen Suchmaschinen im Internet entnehmen. Auf den Webseiten der Rechtsanwaltskammern etwa sind sämtliche Anwälte des jeweiligen Bundeslands aufgeführt; die Kammermitgliedschaft ist nämlich berufsrechtlich vorgeschrieben. In der Regel lässt sich auf diesen Seiten auch nach Fachanwälten oder Tätigkeits- bzw. Interessenschwerpunkten der Rechtsbeistände in der Region fahnden. Bundesweit Auskunft zu Standorten seiner Mitglieder bietet schließlich der Deutsche Anwaltverein unter der Rufnummer 01 805 / 181 805.

Fazit

Wer Rechtsberatung benötigt, hat die Qual der Wahl. Ist der Besuch beim Anwalt Premiere – also noch keine Erfahrung vorhanden – und auch über Mund-zu-Mund-Propaganda nichts ans eigene Ohr gelangt, dann bieten sich zwei Kriterien an: die räumliche Nähe, für die oft die Bequemlichkeit spricht, oder der Fachanwalt: Der Titel bietet einigermaßen verlässliche Gewähr für anwaltliche Kenntnisse auf dem entsprechenden Rechtsgebiet.

Die richtige Rechtsschutzversicherung

Die Deutschen sind nicht gerade ein streitfaules Völkchen. Anders als in südlichen Gefilden werden Auseinandersetzungen zwar selten lautstark und gleich auf der Straße ausgetragen. Umso häufiger sind dagegen Gerichtssäle Schauplatz erbitterter Fehden: Etwa 3–4 Millionen Gerichtsverfahren jährlich sprechen eine deutliche Sprache. Und wie die vorangegangenen Kapitel gezeigt haben, ist Streiten vor Gericht oft alles andere als günstig.

Die häufig hohen Kosten und der Wunsch, «sich im Ernstfall wehren zu können», lassen viele an eine Rechtsschutzversicherung denken. Zumindest wer schon einmal in einen Rechtsstreit involviert war, spielt meist ohnehin mit dem Gedanken: Die falsche Rechnung, der Ärger mit dem Vermieter oder die ungerechtfertigte Kündigung können schließlich täglich wieder ins Haus stehen.

Und für den Fall der Fälle bieten Rechtsschutzversicherungen tatsächlich nicht wenig: freie Anwaltswahl, Übernahme von Anwaltsgebühren sowie Leistung von Gerichts-, Sachverständigen- und Zeugenkosten. Sinn macht der Abschluss einer Rechtsschutzversicherung allerdings nur, wenn es die richtige ist, soll heißen: Wenn man sich die richtigen Bausteine herausgesucht hat. Ein Rundumschutz ist keineswegs in allen Fällen vonnöten. Wer kein Auto fährt, wird nur in den seltensten Fällen eine Verkehrsrechtsschutzversicherung benötigen. Und Berufsrechtsschutz ist naturgemäß nur für diejenigen interessant, die einer beruflichen Tätigkeit nachgehen.

Die entscheidende Frage lautet also: Wie wahrscheinlich ist es, dass ich in einen Rechtsstreit verwickelt werde? Darüber kann natürlich nur eine sehr ungenaue Prognose abgegeben werden: Maßgeblich ist, mit welchen Rechtsbereichen am häufigsten Berührungspunkte bestehen.

Wer sich also für eine Rechtsschutzversicherung entscheidet, für den heißt es noch vor dem Preisvergleich: persönliche Bausteine heraussuchen. Zur Wahl stehen insbesondere Verkehrs-, Privat-, Berufs- und Mietrechtsschutz:

Verkehrs-Rechtsschutz Gerade im Straßenverkehr ist die Gefahr einer Auseinandersetzung groß. Vor allem, wer sich motorisiert fortbewegt, sollte einen Gedanken an eine Verkehrsrechtsschutzversicherung verschwenden. Bei Unfällen sind schnell hohe Streitwerte und entsprechend hohe Anwalts- und Gerichtskosten erreicht. Der Versicherungsschutz erstreckt sich übrigens auf Eigentümer, Halter, Fahrer und Insassen des Fahrzeugs.

Privat-Rechtsschutz Auch im Privatleben ist man bekanntermaßen nicht vor Kontroversen gefeit. Bußgelder, Schadensersatzansprüche Dritter oder Streitigkeiten bei Kauf- und Reparaturverträgen gehören zu den Standardproblemen. Verweigert also die neue Spülmaschine ihre Dienste und der Händler die Reparatur, kann guten Gewissens ein Anwalt beauftragt werden. Und war Bellos neue Hundeleine dem Mitarbeiter des Ordnungsamts nicht kurz genug, spendiert die Versicherung die Kosten für das Vorgehen gegen den Bußgeldbescheid

Berufs-Rechtsschutz Aller Ärger, der im Rahmen eines Arbeitsverhältnisses auftreten kann, ist von ihr abgedeckt. Die Kündigung ist dabei lediglich der Klassiker. Auch Streitigkeiten wegen Streichung von Weihnachtsgeld, nicht gezahlten Lohns oder der Versetzung an einen anderen Dienstort bis hin zu Mobbing oder sexueller Belästigung am Arbeitsplatz sind mitumfasst.

Wohnungs- und Grundstücks-Rechtsschutz Mieter, aber auch Vermieter oder Häuslebauer sind bei ihr gut aufgehoben. Sie hilft etwa bei Mieterhöhungen und Kündigungen, Differenzen mit der Wohnungseigentümergemeinschaft wegen der Wohngeldabrechnung oder Streitigkeiten mit den Nachbarn wegen andauernder Lärmbelästigungen.

Der Rechtsschutz gilt verständlicherweise nicht für Auseinandersetzungen, die bereits vor Vertragsschluss bekannt waren. Zudem setzt er meist erst drei oder sechs Monate nach Vertragsunterzeichnung ein. Was die Tarife anbelangt: Sie unterscheiden sich teilweise ganz erheblich, sodass Sie sich vor Unterschrift in jedem Fall nach aktuellen Preisen erkundigen sollten. Wer eine hohe Selbstbeteiligung vereinbart, fährt meist günstiger. Informieren Sie sich möglichst auch bei Ihrem Advokaten, welche Versicherung tatsächlich Anwalts Liebling ist. Denn auch in Punkto Zahlungswilligkeit und Übernahmebereitschaft herrscht keineswegs Einheitlichkeit.

Fazit

Die Rechtsschutzversicherung ist gewiss nicht von ebenso großer Bedeutung wie eine Privathaftpflichtversicherung oder die Absicherung von Berufsunfähigkeit. Eher schon ein kleiner Luxus, kann sie im Ernstfall jedoch viel Geld und Nerven sparen. Wichtig jedoch: Es muss die richtige sein. Und dann im Fall der Fälle: Auf zum Anwalt Ihres Vertrauens!

Paragrafenregister
(alphabetisch geordnet)

Allgemeines Gleichbehandlungsgesetz (AGG)

§ 19 Zivilrechtliches Benachteiligungsverbot

(1) Eine Benachteiligung aus Gründen der Rasse oder wegen der ethnischen Herkunft, wegen des Geschlechts, der Religion, einer Behinderung, des Alters oder der sexuellen Identität bei der Begründung, Durchführung und Beendigung zivilrechtlicher Schuldverhältnisse, die

1. typischerweise ohne Ansehen der Person zu vergleichbaren Bedingungen in einer Vielzahl von Fällen zustande kommen (Massengeschäfte) oder bei denen das Ansehen der Person nach der Art des Schuldverhältnisses eine nachrangige Bedeutung hat und die zu vergleichbaren Bedingungen in einer Vielzahl von Fällen zustande kommen oder
2. eine privatrechtliche Versicherung zum Gegenstand haben,

ist unzulässig.

(2) Eine Benachteiligung aus Gründen der Rasse oder wegen der ethnischen Herkunft ist darüber hinaus auch bei der Begründung, Durchführung und Beendigung sonstiger zivilrechtlicher Schuldverhältnisse im Sinne des § 2 Abs. 1 Nr. 5 bis 8 unzulässig.

(3) Bei der Vermietung von Wohnraum ist eine unterschiedliche Behandlung im Hinblick auf die Schaffung und Erhaltung sozial stabiler Bewohnerstrukturen und ausgewogener Siedlungsstruktu-

ren sowie ausgeglichener wirtschaftlicher, sozialer und kultureller Verhältnisse zulässig.

(4) Die Vorschriften dieses Abschnitts finden keine Anwendung auf familien- und erbrechtliche Schuldverhältnisse.

(5) ¹Die Vorschriften dieses Abschnitts finden keine Anwendung auf zivilrechtliche Schuldverhältnisse, bei denen ein besonderes Nähe- oder Vertrauensverhältnis der Parteien oder ihrer Angehörigen begründet wird. ²Bei Mietverhältnissen kann dies insbesondere der Fall sein, wenn die Parteien oder ihre Angehörigen Wohnraum auf demselben Grundstück nutzen. ³Die Vermietung von Wohnraum zum nicht nur vorübergehenden Gebrauch ist in der Regel kein Geschäft im Sinne des Absatzes 1 Nr. 1, wenn der Vermieter insgesamt nicht mehr als 50 Wohnungen vermietet.

Arbeitsstättenverordnung:
siehe Verordnung über Arbeitsstätten

Betäubungsmittelgesetz:
«Gesetz über den Verkehr mit Betäubungsmitteln» (BtMG)

§ 29 Straftaten

(1) ¹Mit Freiheitsstrafe bis zu fünf Jahren oder mit Geldstrafe wird bestraft, wer
  1. Betäubungsmittel unerlaubt anbaut, herstellt, mit ihnen Handel treibt, sie, ohne Handel zu treiben, einführt, ausführt, veräußert, abgibt, sonst in den Verkehr bringt, erwirbt oder sich in sonstiger Weise verschafft,
  2. eine ausgenommene Zubereitung (§ 2 Abs. 1 Nr. 3) ohne Erlaubnis nach § 3 Abs. 1 Nr. 2 herstellt,
  3. Betäubungsmittel besitzt, ohne zugleich im Besitz einer schriftlichen Erlaubnis für den Erwerb zu sein,
  4. (weggefallen)

5. entgegen § 11 Abs. 1 Satz 2 Betäubungsmittel durchführt,
6. entgegen § 13 Abs. 1 Betäubungsmittel
   a) verschreibt,
   b) verabreicht oder zum unmittelbaren Verbrauch überlässt,
7. entgegen § 13 Abs. 2 Betäubungsmittel in einer Apotheke oder tierärztlichen Hausapotheke abgibt,
8. entgegen § 14 Abs. 5 für Betäubungsmittel wirbt,
9. unrichtige oder unvollständige Angaben macht, um für sich oder einen anderen oder für ein Tier die Verschreibung eines Betäubungsmittels zu erlangen,
10. einem anderen eine Gelegenheit zum unbefugten Erwerb oder zur unbefugten Abgabe von Betäubungsmitteln verschafft oder gewährt, eine solche Gelegenheit öffentlich oder eigennützig mitteilt oder einen anderen zum unbefugten Verbrauch von Betäubungsmitteln verleitet,
11. ohne Erlaubnis nach § 10 a einem anderen eine Gelegenheit zum unbefugten Verbrauch von Betäubungsmitteln verschafft oder gewährt oder wer eine außerhalb einer Einrichtung nach § 10 a bestehende Gelegenheit zu einem solchen Verbrauch eigennützig oder öffentlich mitteilt,
12. öffentlich, in einer Versammlung oder durch Verbreiten von Schriften (§ 11 Abs. 3 des Strafgesetzbuches) dazu auffordert, Betäubungsmittel zu verbrauchen, die nicht zulässigerweise verschrieben worden sind,
13. Geldmittel oder andere Vermögensgegenstände einem anderen für eine rechtswidrige Tat nach Nummern 1, 5, 6, 7, 10, 11 oder 12 bereitstellt,
14. einer Rechtsverordnung nach § 11 Abs. 2 Satz 2 Nr. 1 oder § 13 Abs. 3 Satz 2 Nr. 1 oder 5 zuwiderhandelt, soweit sie für einen bestimmten Tatbestand auf diese Strafvorschrift verweist.

²Die Abgabe von sterilen Einmalspritzen an Betäubungsmittelabhängige und die öffentliche Information darüber sind kein Verschaffen und kein öffentliches Mitteilen einer Gelegenheit zum Verbrauch nach Satz 1 Nr. 11.

(2) In den Fällen des Absatzes 1 Satz 1 Nr. 1, 2, 5 oder 6 Buchstabe b ist der Versuch strafbar.

(3) ¹In besonders schweren Fällen ist die Strafe Freiheitsstrafe nicht unter einem Jahr. ²Ein besonders schwerer Fall liegt in der Regel vor, wenn der Täter

1. in den Fällen des Absatzes 1 Satz 1 Nr. 1, 5, 6, 10, 11 oder 13 gewerbsmäßig handelt,

2. durch eine der in Absatz 1 Satz 1 Nr. 1, 6 oder 7 bezeichneten Handlungen die Gesundheit mehrerer Menschen gefährdet.

(4) Handelt der Täter in den Fällen des Absatzes 1 Satz 1 Nr. 1, 2, 5, 6 Buchstabe b, Nr. 10 oder 11 fahrlässig, so ist die Strafe Freiheitsstrafe bis zu einem Jahr oder Geldstrafe.

(5) Das Gericht kann von einer Bestrafung nach den Absätzen 1, 2 und 4 absehen, wenn der Täter die Betäubungsmittel lediglich zum Eigenverbrauch in geringer Menge anbaut, herstellt, einführt, ausführt, durchführt, erwirbt, sich in sonstiger Weise verschafft oder besitzt.

(6) Die Vorschriften des Absatzes 1 Satz 1 Nr. 1 sind, soweit sie das Handeltreiben, Abgeben oder Veräußern betreffen, auch anzuwenden, wenn sich die Handlung auf Stoffe oder Zubereitungen bezieht, die nicht Betäubungsmittel sind, aber als solche ausgegeben werden.

Fußnote: § 29 Abs. 1 Satz 1 Nr. 1, 3, 5: Nach Maßgabe der Entscheidungsformel mit dem GG vereinbar gem. BVerfGE v. 9. 3. 1994 I 1207–2 BvL 43/92 u. a. –

Bürgerliches Gesetzbuch (BGB)

§ 439 Nacherfüllung

(1) Der Käufer kann als Nacherfüllung nach seiner Wahl die Beseitigung des Mangels oder die Lieferung einer mangelfreien Sache verlangen.

(2) Der Verkäufer hat die zum Zwecke der Nacherfüllung erforderlichen Aufwendungen, insbesondere Transport-, Wege-, Arbeits- und Materialkosten zu tragen.

(3) [1]Der Verkäufer kann die vom Käufer gewählte Art der Nacherfüllung unbeschadet des § 275 Abs. 2 und 3 verweigern, wenn sie nur mit unverhältnismäßigen Kosten möglich ist. [2]Dabei sind insbesondere der Wert der Sache in mangelfreiem Zustand, die Bedeutung des Mangels und die Frage zu berücksichtigen, ob auf die andere Art der Nacherfüllung ohne erhebliche Nachteile für den Käufer zurückgegriffen werden könnte. [3]Der Anspruch des Käufers beschränkt sich in diesem Fall auf die andere Art der Nacherfüllung; das Recht des Verkäufers, auch diese unter den Voraussetzungen des Satzes 1 zu verweigern, bleibt unberührt.

(4) Liefert der Verkäufer zum Zwecke der Nacherfüllung eine mangelfreie Sache, so kann er vom Käufer Rückgewähr der mangelhaften Sache nach Maßgabe der §§ 346 bis 348 verlangen.

Eisenbahn-Verkehrsordnung (EVO)

§ 13 Unterbringung der Reisenden

(1) [1]Der Reisende hat Anspruch auf Beförderung in der Klasse, auf die sein Fahrausweis lautet. [2]Ein Anspruch auf einen Sitzplatz oder auf Unterbringung in der 1. Klasse bei Platzmangel in der 2. Klasse besteht nicht. [3]Der Tarif kann Ausnahmen zulassen. [4]Das Eisenbahnpersonal ist berechtigt, den Reisenden Plätze anzuweisen. [5]Auf Verlangen der Reisenden ist es verpflichtet, für deren Unterbringung zu sorgen.

(2) Der Reisende hat keinen Anspruch auf Entschädigung, wenn er keinen Sitzplatz findet und ihm keiner angewiesen werden kann.

§ 17 Haftung bei Ausfall, Verspätung und Anschlussversäumnis

(1) ¹Die Eisenbahn haftet dem Reisenden für den Schaden, der dadurch entsteht, dass die Reise wegen Ausfall, Verspätung oder Versäumnis des Anschlusses nicht am selben Tag fortgesetzt werden kann oder dass unter den gegebenen Umständen eine Fortsetzung am selben Tag nicht zumutbar ist. ²Der Schadenersatz umfasst die dem Reisenden im Zusammenhang mit der Übernachtung und mit der Benachrichtigung der ihn erwartenden Personen entstandenen angemessenen Kosten.

(2) Die Eisenbahn ist von dieser Haftung befreit, wenn der Ausfall, die Verspätung oder das Anschlussversäumnis auf eine der folgenden Ursachen zurückzuführen ist:

1. außerhalb des Eisenbahnbetriebes liegende Umstände, die der Beförderer trotz Anwendung der nach Lage des Falles gebotenen Sorgfalt nicht vermeiden und deren Folgen er nicht abwenden konnte,
2. Verschulden des Reisenden oder Verhalten eines Dritten, das der Beförderer trotz Anwendung der nach Lage des Falles gebotenen Sorgfalt nicht vermeiden und dessen Folgen er nicht abwenden konnte.

Erste Verordnung zum Sprengstoffgesetz:
siehe Sprengstoffgesetz

Geräte- und Maschinenlärmschutzverordnung:
«32. Verordnung zur Durchführung des Bundes-Immissionsschutzgesetzes»

§ 7 Betrieb in Wohngebieten

(1) ¹In reinen, allgemeinen und besonderen Wohngebieten, Kleinsiedlungsgebieten, Sondergebieten, die der Erholung dienen, Kur-

und Klinikgebieten und Gebieten für die Fremdenbeherbergung nach den §§ 2, 3, 4, 4 a, 10 und 11 Abs. 2 der Baunutzungsverordnung sowie auf dem Gelände von Krankenhäusern und Pflegeanstalten dürfen im Freien

1. Geräte und Maschinen nach dem Anhang an Sonn- und Feiertagen ganztägig sowie an Werktagen in der Zeit von 20.00 Uhr bis 07.00 Uhr nicht betrieben werden,

2. Geräte und Maschinen nach dem Anhang Nr. 02, 24, 34 und 35 an Werktagen auch in der Zeit von 07.00 Uhr bis 09.00 Uhr, von 13.00 Uhr bis 15.00 Uhr und von 17.00 Uhr bis 20.00 Uhr nicht betrieben werden, es sei denn, dass für die Geräte und Maschinen das gemeinschaftliche Umweltzeichen nach den Artikeln 7 und 9 der Verordnung Nr. 1980/2000 des Europäischen Parlaments und des Rates vom 17. Juli 2000 zur Revision des gemeinschaftlichen Systems zur Vergabe eines Umweltzeichens (ABl. EG Nr. L 237 S. 1) vergeben worden ist und sie mit dem Umweltzeichen nach Artikel 8 der Verordnung Nr. 1980/2000/EG gekennzeichnet sind.

[2]Satz 1 gilt nicht für Bundesfernstraßen und Schienenwege von Eisenbahnen des Bundes, die durch Gebiete nach Satz 1 führen. [3]Die Länder können für Landesstraßen und nichtbundeseigene Schienenwege, die durch Gebiete nach Satz 1 führen, die Geltung des Satzes 1 einschränken.

(2) [1]Die nach Landesrecht zuständige Behörde kann im Einzelfall Ausnahmen von den Einschränkungen des Absatzes 1 zulassen. [2]Der Zulassung bedarf es nicht, wenn der Betrieb der Geräte und Maschinen im Einzelfall zur Abwendung einer Gefahr bei Unwetter oder Schneefall oder zur Abwendung einer sonstigen Gefahr für Mensch, Umwelt oder Sachgüter erforderlich ist. [3]Der Betreiber hat die zuständige Behörde auf Verlangen über den Betrieb nach Satz 2 zu unterrichten. [4]Von Amts wegen können im Einzelfall Ausnahmen von den Einschränkungen des Absatzes 1 zugelassen werden, wenn der Betrieb der Geräte und Maschinen zur Abwendung einer Gefahr für die Allgemeinheit oder im sonstigen öffentlichen Interesse erforderlich ist.

(3) Weitergehende landesrechtliche Vorschriften zum Schutz von Wohn- und sonstiger lärmempfindlicher Nutzung und allgemeine Vorschriften des Lärmschutzes, insbesondere zur Sonn- und Feiertagsruhe und zur Nachtruhe, bleiben unberührt.

Gesetz gegen den unlauteren Wettbewerb (UWG):
siehe Unlauterer Wettbewerb

Gesetz über den Verkehr mit Betäubungsmitteln:
siehe Betäubungsmittelgesetz

Gesetz über Ordnungswidrigkeiten:
siehe Ordnungswidrigkeitengesetz

Jugendschutzgesetz (JuSchG)

§ 10 Rauchen in der Öffentlichkeit, Tabakwaren

(1) In Gaststätten, Verkaufsstellen oder sonst in der Öffentlichkeit dürfen Tabakwaren an Kinder oder Jugendliche weder abgegeben noch darf ihnen das Rauchen gestattet werden.

(2) ¹In der Öffentlichkeit dürfen Tabakwaren nicht in Automaten angeboten werden. ²Dies gilt nicht, wenn ein Automat

1. an einem Kindern und Jugendlichen unter 16 Jahren unzugänglichen Ort aufgestellt ist oder
2. durch technische Vorrichtungen oder durch ständige Aufsicht sichergestellt ist, dass Kinder und Jugendliche unter 16 Jahren Tabakwaren nicht entnehmen können.

Ordnungswidrigkeitengesetz:
Gesetz über Ordnungswidrigkeiten (OWiG)

§ 117 Unzulässiger Lärm

(1) Ordnungswidrig handelt, wer ohne berechtigten Anlass oder in einem unzulässigen oder nach den Umständen vermeidbaren Ausmaß Lärm erregt, der geeignet ist, die Allgemeinheit oder die Nachbarschaft erheblich zu belästigen oder die Gesundheit eines anderen zu schädigen.

(2) Die Ordnungswidrigkeit kann mit einer Geldbuße bis zu fünftausend Euro geahndet werden, wenn die Handlung nicht nach anderen Vorschriften geahndet werden kann.

Sprengstoffgesetz: «Erste Verordnung zum
Sprengstoffgesetz»

§ 22

(1) ¹Pyrotechnische Gegenstände dürfen an den Verbraucher, ausgenommen im Versandhandel, nur in Verkaufsräumen vertrieben und anderen überlassen werden. ²Pyrotechnische Gegenstände der Klasse I dürfen auch außerhalb von Verkaufsräumen vertrieben und anderen überlassen werden.

(2) ¹In Verkaufsräumen dürfen pyrotechnische Gegenstände – ausgenommen Knallbonbons – in Schaufenstern nicht, im Übrigen nur in geschlossenen Schaukästen ausgestellt werden. ²Satz 1 gilt nicht, wenn die pyrotechnischen Gegenstände eine ein- oder mehrseitig durchsichtige oder eine in sicherheitstechnischer Hinsicht gleichwertige Verpackung haben und diese von der Bundesanstalt als unbedenklich bescheinigt worden ist. ³Jede kleinste Verpackungseinheit ist mit einer Kurzfassung der Bescheinigung zu versehen.

(3) Im Reisegewerbe und auf Veranstaltungen im Sinne des Titels IV der Gewerbeordnung dürfen pyrotechnische Gegenstände der Klasse I abweichend von dem Verbot des § 22 Abs. 4 des Gesetzes vertrieben und anderen überlassen werden.

§ 23

(1) [1]Pyrotechnische Gegenstände der Klasse II dürfen in der Zeit vom 2. Januar bis zum 30. Dezember nicht verwendet (abgebrannt) werden, außer wenn sie von einem Erlaubnisinhaber nach § 7 oder § 27 des Gesetzes oder von einem Befähigungsscheininhaber nach § 20 des Gesetzes abgebrannt werden. [2]Personen bis zum vollendeten 18. Lebensjahr dürfen pyrotechnische Gegenstände der Klasse II auch am 31. Dezember und am 1. Januar nicht abbrennen. [3]Das Abbrennen pyrotechnischer Gegenstände in unmittelbarer Nähe von Kirchen, Krankenhäusern, Kinder- und Altersheimen ist verboten.

(2) [1]Der Erlaubnis- oder Befähigungsscheininhaber hat das beabsichtigte Feuerwerk zum Abbrennen von pyrotechnischen Gegenständen der Klasse II in der Zeit vom 2. Januar bis zum 30. Dezember, der Klassen III, IV oder T ganzjährig der zuständigen Behörde zwei Wochen, ein Feuerwerk in unmittelbarer Nähe von Eisenbahnanlagen, Flughäfen oder Bundeswasserstraßen, die Seeschifffahrtsstraßen sind, vier Wochen vorher schriftlich anzuzeigen. [2]In der Anzeige sind anzugeben:

1. Name und Anschrift der für das Abbrennen des Feuerwerks verantwortlichen Personen sowie erforderlichenfalls Nummer und Datum der Erlaubnisbescheide nach § 7 oder § 27 des Gesetzes oder des Befähigungsscheines nach § 20 des Gesetzes und die ausstellende Behörde,

2. Ort, Art und Umfang sowie Beginn und Ende des Feuerwerks,

3. Entfernungen zu besonders brandempfindlichen Gebäuden und Anlagen im Umkreis von 200 m,

4. die Sicherungsmaßnahmen, insbesondere Absperrmaßnahmen sowie sonstige Vorkehrungen zum Schutze der Nachbarschaft und der Allgemeinheit.

[3]Die zuständige Behörde kann im Einzelfall auf die Einhaltung der Frist nach Satz 1 verzichten, wenn dies aus besonderen Gründen gerechtfertigt erscheint.

(3) [1]Jugendliche, die das 14. Lebensjahr vollendet haben, dürfen pyrotechnische Gegenstände der Unterklasse T(tief)1 sowie Raketenmotore für die in § 1 Abs. 4 Nr. 2 bezeichneten Modellraketen und die hierfür bestimmten Anzündmittel, die für Lehr- und Sportzwecke bestimmt sind, nur unter Aufsicht des Sorgeberechtigten bearbeiten und verwenden. [2]In einer sportlichen oder technischen Vereinigung ist dies nur zulässig, wenn der Sorgeberechtigte schriftlich sein Einverständnis erklärt hat oder selbst anwesend ist.

(4) [1]Effekte mit pyrotechnischen Gegenständen und deren Sätzen in Theatern und vergleichbaren Einrichtungen und Effekte mit explosionsgefährlichen Stoffen in Film- und Fernsehproduktionsstätten dürfen nur vorgeführt werden, wenn der Effekt vorher gemäß der beabsichtigten Verwendung erprobt worden ist. [2]Das Theaterunternehmen und die vergleichbare Einrichtung sowie die Film- und Fernsehgesellschaft bedürfen für die Erprobung der Genehmigung der für den Brandschutz zuständigen Stelle, für die Vorführung in Anwesenheit von Mitwirkenden oder Besuchern auch der Genehmigung der für die öffentliche Sicherheit und Ordnung zuständigen Stelle. [3]Die Genehmigungen können versagt und mit Auflagen verbunden werden, soweit dies zum Schutz von Leben, Gesundheit und Sachgütern Mitwirkender oder Dritter erforderlich ist.

(5) [1]Wer in eigener Person außerhalb der Räume seiner Niederlassung oder ohne eine solche zu haben, auf Tourneen pyrotechnische Effekte in Anwesenheit von Besuchern verwenden will, hat dies der zuständigen Behörde zwei Wochen vorher schriftlich anzuzeigen. [2]Absatz 2 Satz 2 Nr. 1, 2 und 4 sowie Satz 3 gilt entsprechend.

Strafgesetzbuch (StGB)

§ 142 Unerlaubtes Entfernen vom Unfallort

(1) Ein Unfallbeteiligter, der sich nach einem Unfall im Straßenverkehr vom Unfallort entfernt, bevor er

1. zugunsten der anderen Unfallbeteiligten und der Geschädigten die Feststellung seiner Person, seines Fahrzeugs und der Art seiner Beteiligung durch seine Anwesenheit und durch die Angabe, dass er an dem Unfall beteiligt ist, ermöglicht hat oder
2. eine nach den Umständen angemessene Zeit gewartet hat, ohne dass jemand bereit war, die Feststellungen zu treffen,

wird mit Freiheitsstrafe bis zu drei Jahren oder mit Geldstrafe bestraft.

(2) Nach Absatz 1 wird auch ein Unfallbeteiligter bestraft, der sich

1. nach Ablauf der Wartefrist (Absatz 1 Nr. 2) oder
2. berechtigt oder entschuldigt

vom Unfallort entfernt hat und die Feststellungen nicht unverzüglich nachträglich ermöglicht.

(3) ¹Der Verpflichtung, die Feststellungen nachträglich zu ermöglichen, genügt der Unfallbeteiligte, wenn er den Berechtigten (Absatz 1 Nr. 1) oder einer nahe gelegenen Polizeidienststelle mitteilt, dass er an dem Unfall beteiligt gewesen ist, und wenn er seine Anschrift, seinen Aufenthalt sowie das Kennzeichen und den Standort seines Fahrzeugs angibt und dieses zu unverzüglichen Feststellungen für eine ihm zumutbare Zeit zur Verfügung hält. ²Dies gilt nicht, wenn er durch sein Verhalten die Feststellungen absichtlich vereitelt.

(4) Das Gericht mildert in den Fällen der Absätze 1 und 2 die Strafe (§ 49 Abs. 1) oder kann von Strafe nach diesen Vorschriften ab-

sehen, wenn der Unfallbeteiligte innerhalb von vierundzwanzig Stunden nach einem Unfall außerhalb des fließenden Verkehrs, der ausschließlich nicht bedeutenden Sachschaden zur Folge hat, freiwillig die Feststellungen nachträglich ermöglicht (Absatz 3).

(5) Unfallbeteiligter ist jeder, dessen Verhalten nach den Umständen zur Verursachung des Unfalls beigetragen haben kann.

§ 164 Falsche Verdächtigung

(1) Wer einen anderen bei einer Behörde oder einem zur Entgegennahme von Anzeigen zuständigen Amtsträger oder militärischen Vorgesetzten oder öffentlich wider besseres Wissen einer rechtswidrigen Tat oder der Verletzung einer Dienstpflicht in der Absicht verdächtigt, ein behördliches Verfahren oder andere behördliche Maßnahmen gegen ihn herbeizuführen oder fortdauern zu lassen, wird mit Freiheitsstrafe bis zu fünf Jahren oder mit Geldstrafe bestraft.

(2) Ebenso wird bestraft, wer in gleicher Absicht bei einer der in Absatz 1 bezeichneten Stellen oder öffentlich über einen anderen wider besseres Wissen eine sonstige Behauptung tatsächlicher Art aufstellt, die geeignet ist, ein behördliches Verfahren oder andere behördliche Maßnahmen gegen ihn herbeizuführen oder fortdauern zu lassen.

§ 263 a Computerbetrug

(1) Wer in der Absicht, sich oder einem Dritten einen rechtswidrigen Vermögensvorteil zu verschaffen, das Vermögen eines anderen dadurch beschädigt, dass er das Ergebnis eines Datenverarbeitungsvorgangs durch unrichtige Gestaltung des Programms, durch Verwendung unrichtiger oder unvollständiger Daten, durch unbefugte Verwendung von Daten oder sonst durch unbefugte Einwirkung auf den Ablauf beeinflusst, wird mit Freiheitsstrafe bis zu fünf Jahren oder mit Geldstrafe bestraft.

(2) § 263 Abs. 2 bis 7 gilt entsprechend.

(3) Wer eine Straftat nach Absatz 1 vorbereitet, indem er Computerprogramme, deren Zweck die Begehung einer solchen Tat ist, herstellt, sich oder einem anderen verschafft, feilhält, verwahrt oder einem anderen überlässt, wird mit Freiheitsstrafe bis zu drei Jahren oder mit Geldstrafe bestraft.

(4) In den Fällen des Absatzes 3 gilt § 149 Abs. 2 und 3 entsprechend.

§ 316 Trunkenheit im Verkehr

(1) Wer im Verkehr (§§ 315 bis 315 d) ein Fahrzeug führt, obwohl er infolge des Genusses alkoholischer Getränke oder anderer berauschender Mittel nicht in der Lage ist, das Fahrzeug sicher zu führen, wird mit Freiheitsstrafe bis zu einem Jahr oder mit Geldstrafe bestraft, wenn die Tat nicht in § 315 a oder § 315 c mit Strafe bedroht ist.

(2) Nach Absatz 1 wird auch bestraft, wer die Tat fahrlässig begeht.

Straßenverkehrsgesetz (StVG)

§ 24 a 0,5-Promille-Grenze

(1) Ordnungswidrig handelt, wer im Straßenverkehr ein Kraftfahrzeug führt, obwohl er 0,25 mg/l oder mehr Alkohol in der Atemluft oder 0,5 Promille oder mehr Alkohol im Blut oder eine Alkoholmenge im Körper hat, die zu einer solchen Atem- oder Blutalkoholkonzentration führt.

(2) [1]Ordnungswidrig handelt, wer unter der Wirkung eines in der Anlage zu dieser Vorschrift genannten berauschenden Mittels im Straßenverkehr ein Kraftfahrzeug führt. [2]Eine solche Wirkung liegt

vor, wenn eine in dieser Anlage genannte Substanz im Blut nach-gewiesen wird. [3]Satz 1 gilt nicht, wenn die Substanz aus der bestim-mungsgemäßen Einnahme eines für einen konkreten Krankheitsfall verschriebenen Arzneimittels herrührt.

(3) Ordnungswidrig handelt auch, wer die Tat fahrlässig begeht.

(4) Die Ordnungswidrigkeit kann mit einer Geldbuße bis zu ein-tausendfünfhundert Euro geahndet werden.

(5) Das Bundesministerium für Verkehr, Bau und Stadtentwicklung wird ermächtigt, durch Rechtsverordnung im Einvernehmen mit dem Bundesministerium für Gesundheit und dem Bundesminis-terium der Justiz mit Zustimmung des Bundesrates die Liste der berauschenden Mittel und Substanzen in der Anlage zu dieser Vor-schrift zu ändern oder zu ergänzen, wenn dies nach wissenschaft-licher Erkenntnis im Hinblick auf die Sicherheit des Straßenver-kehrs erforderlich ist.

Straßenverkehrs-Ordnung (StVO)

§ 1 Grundregeln

(1) Die Teilnahme am Straßenverkehr erfordert ständige Vorsicht und gegenseitige Rücksicht.

(2) Jeder Verkehrsteilnehmer hat sich so zu verhalten, dass kein Anderer geschädigt, gefährdet oder mehr, als nach den Umständen unvermeidbar, behindert oder belästigt wird.

§ 2 Straßenbenutzung durch Fahrzeuge

(1) [1]Fahrzeuge müssen die Fahrbahn benutzen, von zwei Fahr-bahnen die rechte. [2]Seitenstreifen sind nicht Bestandteil der Fahr-bahn.

(2) Es ist möglichst weit rechts zu fahren, nicht nur bei Gegenverkehr, beim Überholtwerden, an Kuppen, in Kurven oder bei Unübersichtlichkeit.

(3) Fahrzeuge, die in der Längsrichtung einer Schienenbahn verkehren, müssen diese, soweit möglich, durchfahren lassen.

(3 a) [1]Bei Kraftfahrzeugen ist die Ausrüstung an die Wetterverhältnisse anzupassen. [2]Hierzu gehören insbesondere eine geeignete Bereifung und Frostschutzmittel in der Scheibenwaschanlage. [3]Wer ein kennzeichnungspflichtiges Fahrzeug mit gefährlichen Gütern führt, muss bei einer Sichtweite unter 50 m, bei Schneeglätte oder Glatteis jede Gefährdung anderer ausschließen und wenn nötig den nächsten geeigneten Platz zum Parken aufsuchen.

(4) [1]Radfahrer müssen einzeln hintereinanderfahren; nebeneinander dürfen sie nur fahren, wenn dadurch der Verkehr nicht behindert wird. [2]Sie müssen Radwege benutzen, wenn die jeweilige Fahrtrichtung mit Zeichen 237, 240 oder 241 gekennzeichnet ist. [3]Andere rechte Radwege dürfen sie benutzen. [4]Sie dürfen ferner rechte Seitenstreifen benutzen, wenn keine Radwege vorhanden sind und Fußgänger nicht behindert werden. [5]Das gilt auch für Mofas, die durch Treten fortbewegt werden.

(5) [1]Kinder bis zum vollendeten 8. Lebensjahr müssen, ältere Kinder bis zum vollendeten 10. Lebensjahr dürfen mit Fahrrädern Gehwege benutzen. [2]Auf Fußgänger ist besondere Rücksicht zu nehmen. [3]Beim Überqueren einer Fahrbahn müssen die Kinder absteigen.

§ 4 Abstand

(1) [1]Der Abstand von einem vorausfahrenden Fahrzeug muss in der Regel so groß sein, dass auch dann hinter ihm gehalten werden kann, wenn es plötzlich gebremst wird. [2]Der Vorausfahrende darf nicht ohne zwingenden Grund stark bremsen.

(2) [1]Kraftfahrzeuge, für die eine besondere Geschwindigkeitsbeschränkung gilt, sowie Züge, die länger als 7 m sind, müssen außerhalb geschlossener Ortschaften ständig so großen Abstand von dem vorausfahrenden Kraftfahrzeug halten, dass ein überholendes Kraftfahrzeug einscheren kann. [2]Das gilt nicht,

1. wenn sie zum Überholen ausscheren und dies angekündigt haben,
2. wenn in der Fahrtrichtung mehr als ein Fahrstreifen vorhanden ist oder
3. auf Strecken, auf denen das Überholen verboten ist.

(3) Lastkraftwagen mit einem zulässigen Gesamtgewicht über 3,5 t und Kraftomnibusse müssen auf Autobahnen, wenn ihre Geschwindigkeit mehr als 50 km/h beträgt, von vorausfahrenden Fahrzeugen einen Mindestabstand von 50 m einhalten.

§ 12 Halten und Parken

(1) Das Halten ist unzulässig

1. an engen und an unübersichtlichen Straßenstellen,
2. im Bereich von scharfen Kurven,
3. auf Beschleunigungsstreifen und auf Verzögerungsstreifen,
4. auf Fußgängerüberwegen sowie bis zu 5 m davor,
5. auf Bahnübergängen,
6. soweit es durch folgende Verkehrszeichen oder Lichtzeichen verboten ist:
   a) Haltverbot (Zeichen 283),
   b) eingeschränktes Haltverbot (Zeichen 286),
   c) Fahrbahnbegrenzung (Zeichen 295 Buchstabe b, bb),
   d) Richtungspfeile auf der Fahrbahn (Zeichen 297),
   e) Grenzmarkierung für Halteverbote (Zeichen 299),
   f) rotes Dauerlicht (§ 37 Abs. 3),
7. bis zu 10 m vor Lichtzeichen und den Zeichen «Dem Schienenverkehr Vorrang gewähren» (Zeichen 201), «Vorfahrt gewäh-

ren!» (Zeichen 205) und «Halt! Vorfahrt gewähren!» (Zeichen 206), wenn sie dadurch verdeckt werden, und

8. vor und in amtlich gekennzeichneten Feuerwehrzufahrten,
9. an Taxenständen (Zeichen 229).

(1 a) Taxen ist das Halten verboten, wenn sie einen Fahrstreifen benutzen, der ihnen und den Linienomnibussen vorbehalten ist, ausgenommen an Bushaltestellen zum sofortigen Ein- und Aussteigenlassen von Fahrgästen.

(2) Wer sein Fahrzeug verlässt oder länger als drei Minuten hält, der parkt.

(3) Das Parken ist unzulässig

1. vor und hinter Kreuzungen und Einmündungen bis zu je 5 m von den Schnittpunkten der Fahrbahnkanten,
2. wenn es die Benutzung gekennzeichneter Parkflächen verhindert,
3. vor Grundstücksein- und -ausfahrten, auf schmalen Fahrbahnen auch ihnen gegenüber,
4. bis zu je 15 m vor und hinter Haltestellenschildern (Zeichen 224),
5. (aufgehoben)
6. vor und hinter Andreaskreuzen (Zeichen 201)
   a) innerhalb geschlossener Ortschaften (Zeichen 310 und 311) bis zu je 5 m,
   b) außerhalb geschlossener Ortschaften bis zu je 50 m,
7. über Schachtdeckeln und anderen Verschlüssen, wo durch Zeichen 315 oder eine Parkflächenmarkierung (§ 41 Abs. 3 Nr. 7) das Parken auf Gehwegen erlaubt ist,
8. soweit es durch folgende Verkehrszeichen verboten ist:
   a) Vorfahrtstraße (Zeichen 306) außerhalb geschlossener Ortschaften,
   b) Fahrstreifenbegrenzung (Zeichen 295 Buchstabe a) oder einseitige Fahrstreifenbegrenzung (Zeichen 296 Buchstabe b),
   c) Parken auf Gehwegen (Zeichen 315), auch mit Zusatzschild,

d) Grenzmarkierung für Parkverbote (Zeichen 299) und
e) Parkplatz (Zeichen 314) mit Zusatzschild,
9. vor Bordsteinabsenkungen.

(3 a) ¹Mit Kraftfahrzeugen mit einem zulässigen Gesamtgewicht über 7,5 t sowie mit Kraftfahrzeuganhängern über 2 t zulässiges Gesamtgewicht ist innerhalb geschlossener Ortschaften

1. in reinen und allgemeinen Wohngebieten,
2. in Sondergebieten, die der Erholung dienen,
3. in Kurgebieten und
4. in Klinikgebieten

das regelmäßige Parken in der Zeit von 22.00 bis 06.00 Uhr sowie an Sonn- und Feiertagen unzulässig.
²Das gilt nicht auf entsprechend gekennzeichneten Parkplätzen sowie für das Parken von Linienomnibussen an Endhaltestellen.

(3 b) ¹Mit Kraftfahrzeuganhängern ohne Zugfahrzeug darf nicht länger als zwei Wochen geparkt werden. ²Das gilt nicht auf entsprechend gekennzeichneten Parkplätzen.

(4) ¹Zum Parken ist der rechte Seitenstreifen, dazu gehören auch entlang der Fahrbahn angelegte Parkstreifen, zu benutzen, wenn er dazu ausreichend befestigt ist, sonst ist an den rechten Fahrbahnrand heranzufahren. ²Das gilt in der Regel auch für den, der nur halten will; jedenfalls muss auch er dazu auf der rechten Fahrbahnseite rechts bleiben. ³Taxen dürfen, wenn die Verkehrslage es zulässt, neben anderen Fahrzeugen, die auf dem Seitenstreifen oder am rechten Fahrbahnrand halten oder parken, Fahrgäste ein- oder aussteigen lassen. ⁴Soweit auf der rechten Seite Schienen liegen sowie in Einbahnstraßen (Zeichen 220) darf links gehalten und geparkt werden. ⁵Im Fahrraum von Schienenfahrzeugen darf nicht gehalten werden.

(4 a) Ist das Parken auf dem Gehweg erlaubt, so ist hierzu nur der rechte Gehweg, in Einbahnstraßen der rechte oder linke Gehweg zu benutzen.

(4 b) (aufgehoben)

(5) ¹An einer Parklücke hat Vorrang, wer sie zuerst unmittelbar erreicht; der Vorrang bleibt erhalten, wenn der Berechtigte an der Parklücke vorbeifährt, um rückwärts einzuparken oder wenn er sonst zusätzliche Fahrbewegungen ausführt, um in die Parklücke einzufahren. ²Satz 1 gilt entsprechend für Fahrzeugführer, die an einer frei werdenden Parklücke warten.

(6) Es ist platzsparend zu parken; das gilt in der Regel auch für das Halten.

§ 23 Sonstige Pflichten des Fahrzeugführers

(1) ¹Der Fahrzeugführer ist dafür verantwortlich, dass seine Sicht und das Gehör nicht durch die Besetzung, Tiere, die Ladung, Geräte oder den Zustand des Fahrzeugs beeinträchtigt werden. ²Er muss dafür sorgen, dass das Fahrzeug, der Zug, das Gespann sowie die Ladung und die Besetzung vorschriftsmäßig sind und dass die Verkehrssicherheit des Fahrzeugs durch die Ladung oder die Besetzung nicht leidet. ³Er muss auch dafür sorgen, dass die vorgeschriebenen Kennzeichen stets gut lesbar sind. ⁴Vorgeschriebene Beleuchtungseinrichtungen müssen an Kraftfahrzeugen und ihren Anhängern sowie an Fahrrädern auch am Tag vorhanden und betriebsbereit sein, sonst jedoch nur, falls zu erwarten ist, dass sich das Fahrzeug noch im Verkehr befinden wird, wenn Beleuchtung nötig ist (§ 17 Abs. 1).

(1 a) ¹Dem Fahrzeugführer ist die Benutzung eines Mobil- oder Autotelefons untersagt, wenn er hierfür das Mobiltelefon oder den Hörer des Autotelefons aufnimmt oder hält. ²Dies gilt nicht, wenn das Fahrzeug steht und bei Kraftfahrzeugen der Motor ausgeschaltet ist.

(1 b) ¹Dem Führer eines Kraftfahrzeuges ist es untersagt, ein technisches Gerät zu betreiben oder betriebsbereit mitzuführen, das da-

für bestimmt ist, Verkehrsüberwachungsmaßnahmen anzuzeigen oder zu stören. ²Das gilt insbesondere für Geräte zur Störung oder Anzeige von Geschwindigkeitsmessungen (Radarwarn- oder Laserstörgeräte).

(2) Der Fahrzeugführer muss das Fahrzeug, den Zug oder das Gespann auf dem kürzesten Weg aus dem Verkehr ziehen, falls unterwegs auftretende Mängel, welche die Verkehrssicherheit wesentlich beeinträchtigen, nicht alsbald beseitigt werden; dagegen dürfen Krafträder und Fahrräder dann geschoben werden.

(3) ¹Radfahrer und Führer von Krafträdern dürfen sich nicht an Fahrzeuge anhängen. ²Sie dürfen nicht freihändig fahren. ³Die Füße dürfen sie nur dann von den Pedalen oder den Fußrasten nehmen, wenn der Straßenzustand das erfordert.

Straßenverkehrs-Zulassungs-Ordnung (StVZO)

§ 64 a Einrichtungen für Schallzeichen

¹Fahrräder und Schlitten müssen mit mindestens einer helltönenden Glocke ausgerüstet sein; ausgenommen sind Handschlitten. ²Andere Einrichtungen für Schallzeichen dürfen an diesen Fahrzeugen nicht angebracht sein. ³An Fahrrädern sind auch Radlaufglocken nicht zulässig.

§ 67 Lichttechnische Einrichtungen an Fahrrädern

(1) ¹Fahrräder müssen für den Betrieb des Scheinwerfers und der Schlussleuchte mit einer Lichtmaschine ausgerüstet sein, deren Nennleistung mindestens 3 W und deren Nennspannung 6 V beträgt (Fahrbeleuchtung). ²Für den Betrieb von Scheinwerfer und Schlussleuchte darf zusätzlich eine Batterie mit einer Nennspannung von 6 V verwendet werden (Batterie-Dauerbeleuchtung). ³Die beiden Betriebsarten dürfen sich gegenseitig nicht beeinflussen.

(2) [1]An Fahrrädern dürfen nur die vorgeschriebenen und die für zulässig erklärten lichttechnischen Einrichtungen angebracht sein. [2]Als lichttechnische Einrichtungen gelten auch Leuchtstoffe und rückstrahlende Mittel. [3]Die lichttechnischen Einrichtungen müssen vorschriftsmäßig und fest angebracht sowie ständig betriebsfertig sein. [4]Lichttechnische Einrichtungen dürfen nicht verdeckt sein.

(3) [1]Fahrräder müssen mit einem nach vorn wirkenden Scheinwerfer für weißes Licht ausgerüstet sein. [2]Der Lichtkegel muss mindestens so geneigt sein, dass seine Mitte in 5 m Entfernung vor dem Scheinwerfer nur halb so hoch liegt wie bei seinem Austritt aus dem Scheinwerfer. [3]Der Scheinwerfer muss am Fahrrad so angebracht sein, dass er sich nicht unbeabsichtigt verstellen kann. [4]Fahrräder müssen mit mindestens einem nach vorn wirkenden weißen Rückstrahler ausgerüstet sein.

(4) [1]Fahrräder müssen an der Rückseite mit

1. einer Schlussleuchte für rotes Licht, deren niedrigster Punkt der leuchtenden Fläche sich nicht weniger als 250 mm über der Fahrbahn befindet,
2. mindestens einem roten Rückstrahler, dessen höchster Punkt der leuchtenden Fläche sich nicht höher als 600 mm über der Fahrbahn befindet, und
3. einem mit dem Buchstaben «Z» gekennzeichneten roten Großflächen-Rückstrahler

ausgerüstet sein. [2]Die Schlussleuchte sowie einer der Rückstrahler dürfen in einem Gerät vereinigt sein. [3]Beiwagen von Fahrrädern müssen mit einem Rückstrahler entsprechend Nummer 2 ausgerüstet sein.

(5) [1]Fahrräder dürfen an der Rückseite mit einer zusätzlichen, auch im Stand wirkenden Schlussleuchte für rotes Licht ausgerüstet sein. [2]Diese Schlussleuchte muss unabhängig von den übrigen Beleuchtungseinrichtungen einschaltbar sein.

(6) Fahrradpedale müssen mit nach vorn und nach hinten wirkenden gelben Rückstrahlern ausgerüstet sein; nach der Seite wirkende gelbe Rückstrahler an den Pedalen sind zulässig.

(7) [1]Die Längsseiten müssen nach jeder Seite mit

1. mindestens zwei um 180 Grad versetzt angebrachten, nach der Seite wirkenden gelben Speichenrückstrahlern an den Speichen des Vorderrades und des Hinterrades oder
2. ringförmig zusammenhängenden retroreflektierenden weißen Streifen an den Reifen oder in den Speichen des Vorderrades und des Hinterrades

kenntlich gemacht sein. [2]Zusätzlich zu der Mindestausrüstung mit einer der Absicherungsarten dürfen Sicherungsmittel aus der anderen Absicherungsart angebracht sein. [3]Werden mehr als zwei Speichenrückstrahler an einem Rad angebracht, so sind sie am Radumfang gleichmäßig zu verteilen.

(8) Zusätzliche nach der Seite wirkende gelbe rückstrahlende Mittel sind zulässig.

(9) [1]Der Scheinwerfer und die Schlussleuchte nach Absatz 4 dürfen nur zusammen einschaltbar sein. [2]Eine Schaltung, die selbsttätig bei geringer Geschwindigkeit von Lichtmaschinenbetrieb auf Batteriebetrieb umschaltet (Standbeleuchtung), ist zulässig; in diesem Fall darf auch die Schlussleuchte allein leuchten.

(10) In den Scheinwerfern und Leuchten dürfen nur die nach ihrer Bauart dafür bestimmten Glühlampen verwendet werden.

(11) Für Rennräder, deren Gewicht nicht mehr als 11 kg beträgt, gilt abweichend folgendes:

1. für den Betrieb von Scheinwerfer und Schlussleuchte brauchen anstelle der Lichtmaschine nur eine oder mehrere Batterien entsprechend Absatz 1 Satz 2 mitgeführt zu werden;

2. der Scheinwerfer und die vorgeschriebene Schlussleuchte brauchen nicht fest am Fahrrad angebracht zu sein; sie sind jedoch mitzuführen und unter den in § 17 Abs. 1 Straßenverkehrs-Ordnung beschriebenen Verhältnissen vorschriftsmäßig am Fahrrad anzubringen und zu benutzen;
3. Scheinwerfer und Schlussleuchte brauchen nicht zusammen einschaltbar zu sein;
4. anstelle des Scheinwerfers nach Absatz 1 darf auch ein Scheinwerfer mit niedrigerer Nennspannung als 6 V und anstelle der Schlussleuchte nach Absatz 4 Nr. 1 darf auch eine Schlussleuchte nach Absatz 5 mitgeführt werden.

(12) Rennräder sind für die Dauer der Teilnahme an Rennen von den Vorschriften der Absätze 1 bis 11 befreit.

Telemediengesetz

§ 5 Allgemeine Informationspflichten

(1) Diensteanbieter haben für geschäftsmäßige, in der Regel gegen Entgelt angebotene Telemedien folgende Informationen leicht erkennbar, unmittelbar erreichbar und ständig verfügbar zu halten:

1. den Namen und die Anschrift, unter der sie niedergelassen sind, bei juristischen Personen zusätzlich die Rechtsform, den Vertretungsberechtigten und, sofern Angaben über das Kapital der Gesellschaft gemacht werden, das Stamm- oder Grundkapital sowie, wenn nicht alle in Geld zu leistenden Einlagen eingezahlt sind, der Gesamtbetrag der ausstehenden Einlagen,
2. Angaben, die eine schnelle elektronische Kontaktaufnahme und unmittelbare Kommunikation mit ihnen ermöglichen, einschließlich der Adresse der elektronischen Post,
3. soweit der Dienst im Rahmen einer Tätigkeit angeboten oder erbracht wird, die der behördlichen Zulassung bedarf, Angaben zur zuständigen Aufsichtsbehörde,

4. das Handelsregister, Vereinsregister, Partnerschaftsregister oder Genossenschaftsregister, in das sie eingetragen sind, und die entsprechende Registernummer,

5. soweit der Dienst in Ausübung eines Berufs im Sinne von Artikel 1 Buchstabe d der Richtlinie 89/48/EWG des Rates vom 21. Dezember 1988 über eine allgemeine Regelung zur Anerkennung der Hochschuldiplome, die eine mindestens dreijährige Berufsausbildung abschließen (ABl. EG Nr. L 19 S. 16), oder im Sinne von Artikel 1 Buchstabe f der Richtlinie 92/51/EWG des Rates vom 18. Juni 1992 über eine zweite allgemeine Regelung zur Anerkennung beruflicher Befähigungsnachweise in Ergänzung zur Richtlinie 89/48/EWG (ABl. EG Nr. L 209 S. 25, 1995 Nr. L 17 S. 20), zuletzt geändert durch die Richtlinie 97/38/EG der Kommission vom 20. Juni 1997 (ABl. EG Nr. L 184 S. 31), angeboten oder erbracht wird, Angaben über
   a) die Kammer, welcher die Diensteanbieter angehören,
   b) die gesetzliche Berufsbezeichnung und den Staat, in dem die Berufsbezeichnung verliehen worden ist,
   c) die Bezeichnung der berufsrechtlichen Regelungen und dazu, wie diese zugänglich sind,

6. in Fällen, in denen sie eine Umsatzsteueridentifikationsnummer nach § 27 a des Umsatzsteuergesetzes oder eine Wirtschafts-Identifikationsnummer nach § 139 c der Abgabenordnung besitzen, die Angabe dieser Nummer,

7. bei Aktiengesellschaften, Kommanditgesellschaften auf Aktien und Gesellschaften mit beschränkter Haftung, die sich in Abwicklung oder Liquidation befinden, die Angabe hierüber.

(2) Weitergehende Informationspflichten nach anderen Rechtsvorschriften bleiben unberührt.

Unlauterer Wettbewerb: «Gesetz gegen den unlauteren Wettbewerb» (UWG)

§ 5 Irreführende Werbung

(1) Unlauter im Sinne von § 3 handelt, wer irreführend wirbt.

(2) ¹Bei der Beurteilung der Frage, ob eine Werbung irreführend ist, sind alle ihre Bestandteile zu berücksichtigen, insbesondere in ihr enthaltene Angaben über

1. die Merkmale der Waren oder Dienstleistungen wie Verfügbarkeit, Art, Ausführung, Zusammensetzung, Verfahren und Zeitpunkt der Herstellung oder Erbringung, die Zwecktauglichkeit, Verwendungsmöglichkeit, Menge, Beschaffenheit, die geographische oder betriebliche Herkunft oder die von der Verwendung zu erwartenden Ergebnisse oder die Ergebnisse und wesentlichen Bestandteile von Tests der Waren oder Dienstleistungen;
2. den Anlass des Verkaufs und den Preis oder die Art und Weise, in der er berechnet wird, und die Bedingungen, unter denen die Waren geliefert oder die Dienstleistungen erbracht werden;
3. die geschäftlichen Verhältnisse, insbesondere die Art, die Eigenschaften und die Rechte des Werbenden, wie seine Identität und sein Vermögen, seine geistigen Eigentumsrechte, seine Befähigung oder seine Auszeichnungen oder Ehrungen.

²Bei der Beurteilung, ob das Verschweigen einer Tatsache irreführend ist, sind insbesondere deren Bedeutung für die Entscheidung zum Vertragsschluss nach der Verkehrsauffassung sowie die Eignung des Verschweigens zur Beeinflussung der Entscheidung zu berücksichtigen.

(3) Angaben im Sinne von Absatz 2 sind auch Angaben im Rahmen vergleichender Werbung sowie bildliche Darstellungen und sonstige Veranstaltungen, die darauf zielen und geeignet sind, solche Angaben zu ersetzen.

(4) ¹Es wird vermutet, dass es irreführend ist, mit der Herabsetzung eines Preises zu werben, sofern der Preis nur für eine unangemessen kurze Zeit gefordert worden ist. ²Ist streitig, ob und in welchem Zeitraum der Preis gefordert worden ist, so trifft die Beweislast denjenigen, der mit der Preisherabsetzung geworben hat.

(5) ¹Es ist irreführend, für eine Ware zu werben, die unter Berücksichtigung der Art der Ware sowie der Gestaltung und Verbreitung der Werbung nicht in angemessener Menge zur Befriedigung der zu erwartenden Nachfrage vorgehalten ist. ²Angemessen ist im Regelfall ein Vorrat für zwei Tage, es sei denn, der Unternehmer weist Gründe nach, die eine geringere Bevorratung rechtfertigen. ³Satz 1 gilt entsprechend für die Werbung für eine Dienstleistung.

§ 7 Unzumutbare Belästigungen

(1) Unlauter im Sinne von § 3 handelt, wer einen Marktteilnehmer in unzumutbarer Weise belästigt.

(2) Eine unzumutbare Belästigung ist insbesondere anzunehmen

1. bei einer Werbung, obwohl erkennbar ist, dass der Empfänger diese Werbung nicht wünscht;
2. bei einer Werbung mit Telefonanrufen gegenüber Verbrauchern ohne deren Einwilligung oder gegenüber sonstigen Marktteilnehmern ohne deren zumindest mutmaßliche Einwilligung;
3. bei einer Werbung unter Verwendung von automatischen Anrufmaschinen, Faxgeräten oder elektronischer Post, ohne dass eine Einwilligung der Adressaten vorliegt;
4. bei einer Werbung mit Nachrichten, bei der die Identität des Absenders, in dessen Auftrag die Nachricht übermittelt wird, verschleiert oder verheimlicht wird oder bei der keine gültige Adresse vorhanden ist, an die der Empfänger eine Aufforderung zur Einstellung solcher Nachrichten richten kann, ohne dass hierfür andere als die Übermittlungskosten nach den Basistarifen entstehen.

(3) Abweichend von Absatz 2 Nr. 3 ist eine unzumutbare Belästigung bei einer Werbung unter Verwendung elektronischer Post nicht anzunehmen, wenn

1. ein Unternehmer im Zusammenhang mit dem Verkauf einer Ware oder Dienstleistung von dem Kunden dessen elektronische Postadresse erhalten hat,
2. der Unternehmer die Adresse zur Direktwerbung für eigene ähnliche Waren oder Dienstleistungen verwendet,
3. der Kunde der Verwendung nicht widersprochen hat und
4. der Kunde bei Erhebung der Adresse und bei jeder Verwendung klar und deutlich darauf hingewiesen wird, dass er der Verwendung jederzeit widersprechen kann, ohne dass hierfür andere als die Übermittlungskosten nach den Basistarifen entstehen.

Verordnung über Arbeitsstätten (ArbStättV)

§ 5 Nichtraucherschutz

(1) ¹Der Arbeitgeber hat die erforderlichen Maßnahmen zu treffen, damit die nicht rauchenden Beschäftigten in Arbeitsstätten wirksam vor den Gesundheitsgefahren durch Tabakrauch geschützt sind. ²Soweit erforderlich, hat der Arbeitgeber ein allgemeines oder auf einzelne Bereiche der Arbeitsstätte beschränktes Rauchverbot zu erlassen.

(2) In Arbeitsstätten mit Publikumsverkehr hat der Arbeitgeber Schutzmaßnahmen nach Absatz 1 nur insoweit zu treffen, als die Natur des Betriebes und die Art der Beschäftigung es zulassen.

Anmerkungen

1 LG Düsseldorf, Az.: 38 O 145/06.
2 OLG Düsseldorf, Az.: 6 U 45/00.
3 OLG Karlsruhe, Az.: 2 Ss 33/01.
4 KG Berlin, Az.: 22 U 3467/80.
5 OLG Nürnberg, Az.: 3 U 2574/90.
6 LG Karlsruhe, Az.: 1 S 196/02 und AG Hamburg, Az.: 20 a C 275/73.
7 LG Stuttgart, Az.: 10 T 359/96.
8 AG Bonn, Az.: 6 C 545/96.
9 OLG Oldenburg, Az.: 13 U 53/02.
10 BayObLG, Az.: 2 Z BR 6/ 99.
11 LG Essen, Az.: 10 S 437/01.
12 LG Bad Kreuznach, Az. 1 S 21/01.
13 OLG Hamm, Az.: 22 U 265/87.
14 OLG Köln, Az.: 12 U 40/93.
15 OLG Düsseldorf, Az.: 5 Ss (OWi) 411-90 – (OWi) 181/90 I.
16 BGH, Az.: VIII ZR 10/92.
17 OLG Hamm, Az.: 5 Ss OWi 1225/00.
18 AG Nürnberg, Az.: 13 C 4238/05.
19 Saarländisches OLG, ZfS 2003, S. 118.
20 LG Bonn, 8 S 277/98.
21 LG Paderborn, Az.: 5 S 181/00.
22 KG Berlin, Az.: 12 U 9571/98.
23 OLG Naumburg, Az.: 9 U 145/03.
24 BGH – VIII ZR 253/04.

Abkürzungen

AG = Amtsgericht
LG = Landgericht
KG = Kammergericht
OLG = Oberlandesgericht
BGH = Bundesgerichtshof

Bildquellen

Matthias Häber: S. 15, 18, 19, 44, 62, 71, 124
Marian Sigler: S. 52
Privatarchiv Dr. Bezold: S. 70
Torsten Henning: S. 83

Aus der Beck'schen Reihe

Verlag C. H. Beck

Aus der Beck'schen Reihe

Verlag C. H. Beck